PUTONGHUA
KOUYU JIAOCHENG YANJIU

普通话口语教程研究

袁丽 著

中国文联出版社

图书在版编目（CIP）数据

普通话口语教程研究 / 袁丽著. -- 北京 : 中国文联出版社, 2024. 9. -- ISBN 978-7-5190-5626-1

Ⅰ. H193.2

中国国家版本馆CIP数据核字第2024WJ2855号

著　　者　袁　丽
责任编辑　周　欣
责任校对　秀点校对
装帧设计　研杰星空

出版发行　中国文联出版社有限公司
社　　址　北京市朝阳区农展馆南里10号　　邮编　100125
电　　话　010-85923025（发行部）　　010-85923091（总编室）
经　　销　全国新华书店等
印　　刷　明玺印务（廊坊）有限公司

开　　本　710毫米×1000毫米　1/16
印　　张　7.5
字　　数　123千字
版　　次　2024年9月第1版第1次印刷
定　　价　50.00元

版权所有 . 侵权必究
如有印装质量问题，请与本社发行部联系调换

前　言

普通话，作为中华民族的共同语言，承载着丰富的文化内涵和历史积淀。在全球化日益加剧的今天，普通话不仅是我们日常交流的工具，更是展现中华文明魅力、促进民族团结和谐的桥梁。因此，对普通话口语的研究与训练，具有深远的意义。

本书旨在系统介绍普通话口语的基本知识和训练方法，帮助学习者掌握标准的普通话发音、语调，提高口语表达能力。教程从普通话的基本知识入手，深入剖析普通话的发展历程和口语训练的重要性，为后续的发音、语音、语调等训练打下坚实的基础。

在发声技能训练主题的章节，本书详细讲解了呼吸控制、共鸣控制和吐字归音等技巧，帮助学习者掌握正确的发声方法，提高声音的清晰度和穿透力。同时，还对普通话的常用概念和声调、调值、调类进行了深入解读，通过汉语声调发声训练，让学习者能够准确把握普通话的语调特点。

声母和韵母的训练是普通话口语训练的重要组成部分。本教程分别针对b、p、m、f等声母和单元音韵母、复韵母等韵母进行了详细的发声训练指导，帮助学习者逐步掌握普通话的发音规律，提高发音的准确性和流畅性。

此外，本书还介绍了音变、朗读与演讲等高级口语技巧。通过上声的变调、“一”“不”“啊”的变调、轻声、儿化等音变训练，使学习者的普通话口语更加自然流畅。同时，通过朗读与朗诵、演讲等实践训练，帮助学习者提高口语表达的能力，展现个人风采。最后，本书还关注了口语表达过程中的思维训练和口语表达方式训练。通过思维方式的训练和思维品质的培养，帮助学习者在口语表达中更加清晰、有条理地表达自己的想法。并通过复述、描述、解说、评述等口语表达方式的训练，使学习者的口语表达更加丰富多彩，更具感染力。

前 言

目　录

第一章　普通话的基本知识

第一节　普通话概念解读

普通话是以北京语音为标准音，以北方话为基础方言，以典范的现代白话文著作为语法规范的现代汉民族共同语。作为“共同语”，这意味着普通话是中华民族大多数成员共同掌握、共同使用的语言。由普通话的概念可知普通话的语音标准、词汇标准和语法标准。

一、普通话的语音标准

普通话以北京语音为标准音，北京语音就是普通话的语音标准。

汉语方言的差异主要表现在语音上。普通话既然是民族共同语，就不允许在语音方面漫无标准，必须以一个“地点方言”的语音作为标准。为什么选择北京语音作为普通话的语音标准呢？这主要由历史原因和汉语语音发展规律两方面的原因共同决定。

首先是由于北京语音的历史地位。北京有三千多年的建城史、八百多年的建都史，它的政治、经济、文化地位使北京语音成为一种全国影响力最大、熟悉度最高的方言语音，由此决定了普通话应该以北京语音作为标准音。其次，北京语音符合汉语由繁趋简的发展规律。北京方言的语音系统比较简单，声母、韵母、声调的数量都不算多，北京话说起来流畅、舒缓，听起来明亮、优美，富于音乐性，抑扬交替、舒展明快、朗朗上口，这些都促使普通话选择北京语音作为标准音。

当然也需要注意，以北京语音为标准音并不意味着北京语音等于普通话语音。北京话里有一些方言色彩浓重的土音，这些土音不能算作普通话语音。例如：声母方面，北京话将“果脯 guǒ fǔ”说成“guǒ pǔ”；韵母方面，北京话将“气馁 qì něi”说成“qì nuǐ”，将“告诉 gào su”说成“gào song”；声调方面，将“教室 jiào shì”说成“jiào shǐ”，“质量 zhì liàng”说成“zhǐ liàng”；等等。在学习普通话的过程中，这些北京语音中的土音都是需要摒弃的。

二、普通话的词汇标准

普通话以北方方言为基础方言，即普通话词汇系统取词的基本范围是北方方言。

北方方言的区域划定又有狭义和广义两种情况，狭义的北方方言仅指东北方言和华北方言，广义的北方方言则指华北方言、东北方言、西北方言、西南方言和江淮方言，所覆盖的区域非常广。这里所说的普通话词汇系统取词的基本范围指的是广义的北方方言。

汉语有七大方言，为什么普通话主要从北方方言中取词，而不主要从其他六大方言中取词呢？这个原因可以从历时和共时的角度来看。

从历时的角度看，北方方言从 13 世纪以来就随官话和白话文学传播开来，传播的时间长、范围广，已经成为书面语、白话文的基础。从共时的角度看，使用北方方言的人口数超过总人口数的 70%，并且非北方方言区的人们也基本能听懂北方话。相比于其他六大方言，北方方言最易懂。所以历时原因和共时原因共同作用，决定了普通话词汇系统将取词范围主要设定在北方方言中。

需要注意，北方方言内部也存在着地域上的用词差异，例如：“妻子”在陕西被称为“婆姨”，在四川被称为“堂客”；“蜻蜓”仅在贵州地区就有二十多种不同的叫法。如果把如此广阔地域使用的词汇不加选择地都拿来作为普通话的规范词汇，那么普通话的词语规范就建立不起来，所以要确立普通话的词语规范，就必须得确立普通话规范词的选择标准。普通话词汇系统的取词规范主要有以下两条。

（一）首选通用词语

在北方方言的词汇中，普通话规范词汇系统首先选取其中通用度高、使用面广的词语，剔除仅属个别方言的偏用词语。

例如，北方话使用“玉米”“玉麦”“棒子”“苞米”“老玉米”“珍珠米”等词语来称呼这种重要的粮食作物，普通话选择其中通用度最高的“玉米”这个词放入规范词汇系统，其余几个词都作为方言词处理。

再如，北方话用“马铃薯”“土豆”“地蛋”“洋芋”“山药”“山药蛋”等词语称呼这种植物，普通话依据“首选通用词语”的取词规范只选了“土豆”和“马铃薯”两个词，其中“土豆”用于口语，“马铃薯”作为学术名。其他词语都是方言词。

（二）首选文雅词语

北方方言区各地的方言词汇系统中都存在着一些土俗的词语，普通话规范词汇系统选词时尽量舍弃这样的词语，而选择那些文雅的词语。

例如，北京话中既有“一丢丢儿”“颠儿”“撒丫子”“家雀儿”“墩布”“各色”等晦涩难懂的土语，也有与之同义的“少”“跑”“麻雀”“拖把”“古怪（指人）”等文雅词语，普通话依据“首选文雅词语”的取词规范选择了后面一组通俗的、各地人都能听懂的词语放入规范词汇系统。

虽然普通话的词汇系统取词的基本范围是北方方言，但也不排除从其他语言或方言中吸取其精华、通用部分的词来充实、丰富自己的语料库。除北方方言外，普通话词汇系统的取词范围还有这些：第一，从南方方言中选词，例如“搞”“垃圾”“尴尬”“晓得”“名堂”等；第二，从外语中借用，例如“沙发”“咖啡”“香波”“柠檬”“可口可乐”等；第三，从少数民族语言中选词，例如“哈达”等。

三、普通话的语法标准

普通话以典范的现代白话文著作为语法规范。

哪些作品属于“典范的现代白话文著作”呢？可以从三个方面来理解。第一，“白话文著作”，从内容上区别于文言文著作，说明作为普通话语法规范的著作不包括文言文写成的作品，例如《左传》《论语》《古文观止》等文言文著作都不属于普通话的语法规范的标准范围；第二，“现代白话文著作”，从时间上区别于五四运动以前的白话文著作，例如早期的白话文作品《水浒传》《红楼梦》等虽然是白话文著作，却不是“现代”的作品，因此也不能作为普通话语法规范的取材范围；第三，“典范的现代白话文著作”，区别于“不典范”的现代白话文著作，如网络小说等，同时也区别于方言写成的作品。

普通话语法规范所说的“典范的现代白话文著作”通常指现代著名作家、政治家的重要著作，国家和政府颁布的法律、法规和重要文件等。比如毛泽东的《毛泽东选集》、鲁迅及其他一些现代著名作家的代表性作品、《中华人民共和国宪法》等。

第二节　普通话的发展历程

唯物辩证法发展观告诉我们，事物总是处在发展中，共同语当然也处在发展演变过程中。那么，古代也有共同语吗？共同语一出现就叫作普通话吗？当今社会，普通话在国际上有怎样的地位？新时代，国家为推广普通话做了哪些努力？提出了怎样的要求？下面将对普通话的发展历程进行说明。

一、普通话的产生

汉民族共同语的产生可以追溯到上古的夏、商、周时期。那时的共同语不等于今天的普通话，而是相当于今天普通话的古代“普通话”。古代的“普通话”在不同时期有不同的名称。

（一）春秋时期的“雅言”

春秋时期的“普通话”被称为“雅言”，主要流行于我国北方黄河流域一带，使用范围并没有那么大。

“雅”是“正”的意思，“雅言”就是指规范、标准的语言。我国的第一部诗歌总集《诗经》使用的语言就是雅言，孔子教学时使用的也是雅言。

（二）汉代的“通语”

到了西汉末年，出现了“通语”的名称。

“通语”是扬雄在他所撰写的中国第一部比较方言词汇著作《方言》中明确提出的，这是一个与“方言”相对的概念。“通语”不是一方一地之言，而是在广大地区里人们通用的、共同说的话语。这里扬雄所说的“通语”主要指各地能通行的普通词语，从这个角度说，它带有一定共同语的特点。但“通语”更多是从词汇系统的角度考察的，它只是指某几个地域通用同一个词，并不是指这些词的语音也相同。现代普通话的第一要素是语音，尤其强调声调，所以衡量古代有无“普通话”也应该以是否以某一语音为标准音作为主要标准。《方言》中的“通语”只是词汇相同，读音尤其是声调是否一致无法确定，与今天的普通话本质上是不同的。

（三）元代的“天下通语”

到了元代，产生了“天下通语”的名称。

“天下通语”是元代的周德清在《中原音韵》中提出的。周德清说：“天下通语，则天下尽通，后世易晓。若为市语方言，则虽便捷一时，称快一地，要无以明天下后世。”意思是，天下通语在全天下都通行，使用范围广，使用人口多，容易流传到后世，让后人知晓；而如果只使用某一地的方言，虽然使用便捷，但使用范围窄，使用人口少，也就无法传世了。

（四）明清时期的“官话”

“官话”这一名称出现在明代中叶，因经常使用于官场和上层人士中而得名。“官”者，公也；“官话”者，公用之话也，也是指当时通用的话。

（五）清朝末年的“国语”

清朝末年，随着“国语运动”的兴起，出现了“国语”这一名称。

1902 年，清末京师大学堂总教习吴汝纶去日本考察学政，看到日本推行“国语”（东京话）的成绩，深受启发。他回国后写信给管学大臣，主张在学校推行以“京话”也就是北京话为标准的“国语”。之后在“国语运动”的作用下，“国语”逐渐取代了“官话”来表示共同语。但“官话”的概念并没有就此消失，在用“国语”表示共同语之后，“官话”就成了汉语北方方言的统称。

（六）“普通话”名称的产生

1906 年，“切音字运动”倡导者朱文熊在《江苏新字母》中明确把汉语分为三类：“国文”，即文言文；“普通话”，即各省通行的话；“俗语”，即方言。在他的这本书里出现了“普通话”的说法，但这里的“普通话”与今天普通话所指的含义不完全相同。

1955 年，全国文字改革会议和现代汉语规范问题学术会议明确了“普通话”的概念，确定“普通话”作为共同语，并向全国大力推广。普通话与共同语这两个概念也才对应起来。

二、普通话的发展

汉语是世界上唯一一种有着悠久历史并且没有中断的活语言。随着中国国力的不断强盛，汉语在国际上逐渐成为热门语言。面对世界，作为中华民族共同语的普通话就是汉语的形象代表。20 世纪 70 年代，中国恢复了在联合国的合法席位，汉语成为联合国六种法定工作语言之一。

如今我国已是世界第二大经济体、世界第一贸易大国、世界第一大农业国、世界第一大粮食总产量国、世界第二大吸引外资国、世界上经济成长最快的国家之一，世界各国都无法忽视中国在国际事务中的声音。汉语是当今世界上使用人口最多的语言，世界各地越来越多的人正在学习汉语、使用汉语。汉语正以迅猛之势发展，其国际化趋势日益明显。

东南亚是世界上第二大汉语区，汉语使用人数超过两千万。其中，新加坡共和国成立后，把华语作为第三官方语言（新加坡将汉语称为华语），但由于新加坡华人众多，华语成为事实上的第一官方语言，使该国成为继中国之后第二个将汉语作为官方语言的国家；在马来西亚，汉语是第二大语言，华文中小学遍及全国；在柬埔寨，汉语是仅次于高棉语的第二大语言；在文莱，汉语是第二大语言；在泰国，汉语是第三大语言；在越南，汉语是在越南语、泰语、高棉语之后的第四大语言；在印度尼西亚，汉语是第五大语言。

俄罗斯是世界上第三大汉语区，汉语使用人数快速增长，汉语已超过楚瓦什语成为第四大语言。

在美国，汉语成为仅次于英语、西班牙语的第三大语言。美国五角大楼曾表示，凡是能熟练掌握汉语或者阿拉伯语等一门外语的士兵，外语津贴增加 3 倍，月薪可增加 1000 美元。在加拿大，汉语是排在英语、法语之后的第三大语言。

在欧洲，法国是欧洲第一大汉语水平考试（HSK）考点，汉语在法国发展势头强劲；德国学习汉语的人数呈几何倍数增长，中文成为许多州中学会考的科目，一些公司还开设了“中文速成班”。

在大洋洲，汉语在澳大利亚超过意大利语成为第二大语言。

此外，据不完全统计，在影响世界的国际组织、国际公司、国际媒体和世界知名大学中，有上百家拥有中文网站和网页。在《财富》杂志评出的世界 500 强跨国公司中，有大约 2/3 在中国开设了分支，并且大部分开办了中文网站。

香港和澳门回归祖国后，汉语成为这两个特别行政区的第一官方语言，用普通话教中文已经成为大多数学校的目标。

近年来，越来越多的国际会议把汉语列为会议语言或会议语言之一，如亚洲大专辩论会、博鳌亚洲论坛、环北部湾经济合作论坛、中非合作论坛、中国—加勒比经贸合作论坛、国际汉语教学讨论会、世界华商大会等。

2010 年，为庆贺多种语文的使用和文化多样性，并促进六种官方语言在联合国的平等使用，联合国新闻部宣布启动联合国语言日。同年 11 月 12 日，中国在联合国总部举办了首届“联合国中文语言日”。以汉语为媒介，借助丰富多彩的文化活动，彰显中文和中国文化的魅力。

随着中国经济的迅速增长和国际地位的提高，世界范围内的“汉语热”持续升温。世界希望了解中国，激发了汉语学习需求，中国巨大的市场机遇刺激了汉语学习需求，一些国家的战略意图扩大了汉语学习的需求，“世界公民”意识的强化，更是增添了汉语学习的需求。

世界上越来越多的人愿意了解中国，愿意学习汉语，汉语进入发展的黄金时期。

三、普通话的未来

为了使普通话可以健康而有序地发展，我国通过积极制定相关法律法规、方针政策来规范普通话的发展方向，展望未来。

（一）推广普通话的法律法规

国家颁布的关于推广普通话的法律法规及文件很多，下面列举其中的一部分。

1982 年，在总结全国推广普通话二十多年经验的基础上，《中华人民共和国宪法》第十九条规定："国家推广全国通用的普通话。"普通话第一次有了宪法规定的国家通用语言的地位。

《中华人民共和国国家通用语言文字法》是我国第一部关于语言文字的专门法律，于 2001 年 1 月 1 日起实施。其中规定："国家通用语言文字是普通话和规范汉字。""国家推广普通话，推行规范汉字。"

涉及普通话规范的相关文件还有《中华人民共和国民族区域自治法》《中华人民共和国教育法》《中华人民共和国义务教育法实施细则》《扫除文盲工作条例》《民族乡行政工作条例》《广播电视管理条例》等。

（二）推广普通话的方针

随着国家的发展、时代的变化，推广普通话的方针与时俱进地调整着。

1986 年，国家把推广普通话列为新时期语言文字工作的首要任务。

1992 年，国家确定推广普通话工作方针为"大力推行、积极普及、逐步提高"。

2021 年，我国提出，新时代推广普通话工作方针是"聚集重点、全面普及、巩固提高"。

（三）推广普通话的总体要求

2021 年 11 月 30 日，《国务院办公厅关于全面加强新时代语言文字工作的意见》（国办发〔2020〕30 号）提出了推广普通话，包括指导思想、基本原则、主要目标在内的总体要求。

推广普通话的指导思想：以习近平新时代中国特色社会主义思想为指导，全面贯彻党的十九大和十九届二中、三中、四中全会精神，按照党中央、国务院决策部署，坚持以人民为中心的发展思想，以推广普及和规范使用国家通用语言文字为重点，加强语言文字法治建设，推进语言文字规范化、标准化、信息化建设，科学保护各民族语言文字，构建和谐健康语言生活，传承弘扬中华优秀语言文化，提升国家文化软实力，为铸牢中华民族共同体意识、建设社会主义现代化强国贡献力量。推广普通话的基本原则：坚持服务大局、服务人民；坚持推广普及、提高质量；坚持遵循规律、分类指导；坚持传承发展、统筹推进。

推广普通话的主要目标：到 2025 年，普通话在全国普及率达到 85%，语言文字规范化、标准化、信息化水平进一步提高，语言文字科技水平和创新能力明显提升，中华优秀语言文化得到更好传承弘扬，与人民群众需求相适应的语言服务体系更加完善。

到 2035 年，国家通用语言文字在全国范围内的普及更全面、更充分，普通话在民族地区、农村地区的普及率显著提高，国家语言文字事业取得长足发展，基本实现新时代语言文字工作治理体系和治理能力现代化。

2022 年，为贯彻落实党的二十大报告提出的“加大国家通用语言文字推广力度”，教育部、国家语委印发《关于加强高等学校服务国家通用语言文字高质量推广普及的若干意见》（以下简称《意见》），提出了全面加强国家通用语言文字教育教学、主动融入推普助力乡村振兴和文化强国建设、积极探索推普服务社会应用和人民群众需求新手段、创新高校语言文字工作体制机制的意见，强调要“充分发挥高等学校在服务国家通用语言文字高质量推广普及中的作用”。

围绕推广普通话的阶段性目标，在全国各族人民的共同努力下，普通话必将健康有序地发展，在未来发挥更大的作用。

第三节　普通话口语训练的意义

一、普通话的内涵

什么是普通话？

普通话是指我国国家通用语言，现代汉民族的共同语，以北京语音为标准音，以北方话为基础方言，以典范的现代白话文著作为语法规范的现代汉民族共同语。

因此，普通话涵盖了五个方面的内容：国家通用语言、汉民族共同语、语音、词汇、语法。要说好普通话就必须认识到普通话的重要性。

二、普通话口语训练的关键

（一）开阔视野，大量阅读

多看书、多学习、多观察、多积累是非常重要的。语言表述时需要我们比较快地在大脑中进行编码，脑海中储存的词汇和语句越丰富，我们的语言生成能力就越强，语言就越生动，语言的呈现样式就会越多样化。生动智慧的语言、优雅含蓄的语言、幽默风趣的语言、干净利落的语言等风格迥异的语言的形成都是和我们的阅读与视野分不开的，还有引用各类俗语、古语、文献、诗歌、散文等，都需要平时的大量积累，而阅读则是提升语言品位的重要途径。

（二）尊重他人，遵循沟通礼仪

口语表达的最终目的是培养自己的沟通能力，沟通的核心并不是滔滔不绝和夸夸其谈，而是由尊重他人达到尊重自我，由内而外地呈现个人的修养，展现出恰到好处的体面和从容。因此，在使用普通话的过程中应遵循一定的沟通礼仪。出色的沟通能力体现了个人得体的礼仪，这样才能成功构建人与人之间沟通的桥梁，让自己散发出优雅的气质，从而使自己成为社交活动中闪耀的明星，其力量和价值都无可比拟。一个尊重他人、懂得沟通礼仪的人，在任何场合都是受欢迎的人。

（三）聆听精品，模仿学习

口语表达有艺术语言和应用语言之分，不仅要学会区分这两种语言的表达方式，更要懂得将这两种语言方式进行有机的结合，为我所用，让我们的语言应用达到较高的艺术境界。如何用动听的声音、合适的音量、生动的表情、严谨的思维、规范的语法、准确的词汇、标准的语音、文明的态度进行表述，需要我们有意识地去训练自己，养成良好的语言表达习惯。

学习语言大师的表达技巧。多听演讲、多看话剧、多听新闻、多向主持人学习，掌握他们各自鲜明的语言特色，多分析、多模仿，研究并发现他们语言表达方式的魅力所在，针对自己的语言进行有计划的训练。

（四）珍惜机会，实践锻炼

多参加演讲、讲故事、朗诵、辩论等活动，锻炼自己的语言，多给自己一些命题说话，训练自己的口语表达能力。

三、学好普通话，迈进新时代

自古有“一言之辩重于九鼎之宝，三寸之舌强于百万雄师”的说法，对于个人来说，语言是第二张身份证。你的语言透露着你接受的教育、你的职业特点、你的生存环境等信息。虽然语音面貌与个人的教育没有必然的联系，但是这种文化印象却是你无法回避的。口语能力是人类社会最重要的能力之一，随着社会的发展，职业种类越来越多，职业特点越来越趋向于服务化，口语能力的强弱就显得非常重要。语音优美动听、清楚明白，吐字归音准确，都是语言的魅力。学好普通话可以为你的人际关系、社会交流提供有益的帮助。

四、怎样才能学好普通话

一个人的语言魅力可以从两方面来衡量：首先是语音发声，其次是语言表达。字音的改善是最难的，也是最艰巨的，需要花费大量的时间、精力。

普通话是一门语言的实践课，旨在学习标准的、规范的语言，培养学生具有较强的口头表达能力，并能流畅地使用这种全国通用语言的能力。

普通话不经过专门的、系统的和长时间的学习，很难全面掌握其理论体系。要想说好普通话，就一定要多说并加强实践，如果把大量的精力放在理论学习上，效果可能不会很好。希望大家在学习普通话的过程中要多听、多说、多练，持之以恒，坚持两三年，一定会有收获。

五、学习普通话的注意事项

学习普通话的注意事项主要有以下几点。

（一）重视语音学习。从语法和词汇方面来说，方言和普通话的区别是有限的，而且通过语文课的学习，我们已能基本掌握大部分语法和词汇，关键在于对语音的学习。

（二）必须掌握普通话特殊的语音“音变”现象，主要是轻声、儿化、上声变调、“不”变调和“啊”的音变，其规律性极强。

（三）要通过不断的模仿、练习和运用，掌握普通话的语调，培养良好的语感。

（四）持之以恒地进行发声训练，训练自己的声音，使自己的语音更有气质、更有魅力。

六、上好普通话课的几点要求

上好普通话课的要求主要有以下几点。

（一）明确目的，端正态度，提高自觉性

要上好普通话课，首先要明白：虽然人人都会说话，但说话有文野之分，能力有高下之别。要做到善于说话，就必须进行说话训练。说话训练的态度端正了，再克服不愿说、不敢说的心理弱点，发挥说话训练的自觉性，就会有显著的效果。

（二）掌握方法，讲究实效，注重实践性

语言是一门学科，要提高说话能力，就一定要按照提高说话能力的规律来进行训练。如果以为多说就能把话说好，那么这种认识是片面的。要提高说话能力当然要多说，但多说也要按照科学的方法来进行：一是要多听，多听能提高说话能力；二是要多思，语言是思维的载体，语言和思维是不可分的，只有一边训练，一边思考，说话能力才会逐渐提高。

（三）通过苦练，提高说话能力

一种能力的获得绝非一朝一夕之事。俗话说："拳不离手，曲不离口。"因此，单靠普通话课上的练习是不够的，还要利用一切机会进行反复的训练。说话训练时也要做有心人，只要做到口到、耳到、心到，说话能力肯定是可以提高的。

七、普通话水平测试的等级

《普通话水平测试等级标准（试行）》把普通话水平分为"三级六等"。"三级"是首先将普通话水平分为一级、二级和三级，一级可称标准的普通话，二级可称比较标准的普通话，三级可称一般水平的普通话。"六等"指在每个级别内进一步分出甲、乙两个等次。各个等级的普通话水平具体描述如下。

一级甲等：朗读和自由交谈时，语音标准，词汇、语法正确无误，语调自然，表达流畅。测试总失分率在 3% 以内。

一级乙等：朗读和自由交谈时，语音标准，词汇、语法正确无误，语调自然，表达流畅。偶然有字音、字调失误。测试总失分率在 8% 以内。

二级甲等：朗读和自由交谈时，声韵调发音基本标准，语调自然，表达流畅。少数难点音（平翘舌音、前后鼻尾音、边鼻音等）有时出现失误。词汇、语法极少有误。测试总失分率在 13% 以内。

二级乙等：朗读和自由交谈时，个别调值不准，声韵母发音有不到位现象。

难点音（平翘舌音、前后鼻尾音、边鼻音、fu—hu、z—zh—j、送气不送气、i—ü 不分、保留浊塞音和浊塞擦音、丢介音、复韵母单音化等）失误较多。方言语调不明显。有使用方言词、方言语法的情况。测试总失分率在 20% 以内。

三级甲等：朗读和自由交谈时，声韵母发音失误较多，难点音超出常见范围，声调调值多不准。方言语调较明显。词汇、语法有失误。测试总失分率在 30% 以内。

三级乙等：朗读和自由交谈时，声韵调发音失误多，方音特征突出。方言语调明显。词汇、语法失误较多。外地人听其谈话有听不懂情况。测试总失分率在 40% 以内。

现阶段我国对一些岗位和专业人员的普通话水平有具体要求。教师和师范院校毕业生应达到二级或一级水平，对语文学科教师的水平要求应高于其他学科教师。专门从事普通话语音教学的教师和从事播音、电影、电视剧、话剧表演和配音的专业人员，以及相关专业的毕业生应达到一级甲等或一级乙等水平。

八、普通话水平测试的内容和评分标准

测试内容有四项，满分 100 分。

（一）读单音节字词（100 个音节，不含轻声、儿化音节）

目的：测查应试人声母、韵母、声调读音的标准程度。

评分：此项成绩占总分的 10%，即 10 分。每个音节允许读两遍，即应试人发觉第一次读音有误时可以改读，按第二次读音评判。

1. 语音错误，每个音节扣 0.1 分。

2. 语音缺陷，每个音节扣 0.05 分。

3. 限时 3.5 分钟。超时 1 分钟以内扣 0.5 分，超时 1 分钟以上（含 1 分钟）扣 1 分。

读音错误是指把一个音节的声、韵、调读成其他的声、韵、调。读音缺陷是指声、韵、调的读音虽不准确但还没有到错误的程度，接近标准但不够标准，如：声母发音部位虽不准确，但还不是把普通话里的某一类声母读成另一类声母，比如读舌尖后音 zh、ch、sh 时舌尖位置偏前，但还没有完全错读为舌尖前音 z、c、s 等。韵母读音的缺陷多表现为合口呼、撮口呼的韵母圆唇度不够，或者复韵母、

鼻韵母舌位动程不够等。声调缺陷主要表现在调形基本正确，但调值偏低或偏高，特别是四声的相对高点或低点不一致。

（二）读多音节词语（100 个音节）

目的：测查应试人声母、韵母、声调和变调、轻声、儿化读音的标准程度。

评分：此项成绩占总分的 20%，即 20 分。

1. 语音错误，每个音节扣 0.2 分。

2. 语音缺陷，每个音节扣 0.1 分。

3. 词语内部的音节之间明显读断，酌情一次性扣 0.5 分或 1 分。

4. 双音节词语中重格式处理不当，每次扣 0.1 分。

5. 限时 2.5 分钟。超时 1 分钟以内扣 0.5 分，超时 1 分钟以上（含 1 分钟）扣 1 分。

（三）朗读短文（400 个音节）

目的：测查应试人使用普通话朗读书面作品的水平，在测查声母、韵母、声调读音标准程度的同时，重点测查连读音变、停连、语调以及流畅程度。

评分：此项成绩占总分的 30%，即 30 分。对每篇材料的前 400 字（不包括标点）做累积计算。

1. 每读错一个音节扣 0.1 分，漏读或增读一个音节扣 0.1 分。

2. 声母或韵母的系统性语音缺陷，视程度扣 0.5 分或 1 分。

3. 语调偏误（主要指语流中显现的与普通话语调不一致的问题，如：音节的调值和调形不准确，词语的轻重格式不恰当，音节的长短不合理，连读音变不自然，语调的轻重、快慢、高低、停连的配置与变化同普通话语调有差异等），视程度扣 0.5 分、1 分或 2 分。

4. 停连不当（主要指割裂词语、肢解句子、使人产生歧义等停连问题），视程度扣 0.5 分、1 分或 2 分。

5. 朗读不流畅（包括回读），视程度扣 0.5 分、1 分或 2 分。

6. 限时 4 分钟。超时扣 1 分。

（四）命题说话

目的：测查应试人在没有文字凭借的情况下，说普通话的水平。重点测查语音标准程度、词汇语法规范程度和自然流畅程度。

评分：此项成绩占总分的 40%，即 40 分。其中包括：

1. 语音标准程度，共 25 分。分六档。

一档：语音标准，或极少有失误。扣 0 分、1 分或 2 分。

二档：语音错误在 10 次以下，有方音但不明显。扣 3 分或 4 分。

三档：语音错误在 10 次以下，但方音比较明显；或语音错误在 10 —15 次，有方音但不明显。扣 5 分或 6 分。

四档：语音错误在 10 —15 次，方音比较明显。扣 7 分或 8 分。

五档：语音错误超过 15 次，方音明显。扣 9 分、10 分或 11 分。

六档：语音错误多，方音重。扣 12 分、13 分或 14 分。

2. 词汇语法规范程度，共 10 分。分三档。

一档：词汇、语法规范。扣 0 分。

二档：词汇、语法偶有不规范的情况。扣 1 分或 2 分。

三档：词汇、语法屡有不规范的情况。扣 3 分或 4 分。

3. 自然流畅程度，共 5 分。分三档。

一档：语言自然流畅，扣 0 分。

二档：语言基本流畅，口语化较差，有背稿子的表现。扣 0.5 分或 1 分。

三档：语言不连贯，语调生硬。扣 2 分或 3 分。

4. 说话不足 3 分钟，酌情扣分：缺时 1 分钟以内（含 1 分钟），扣 1 分、2 分或 3 分；缺时 1 分钟以上，扣 4 分、5 分或 6 分；说话不满 30 秒（含 30 秒），本测试项成绩计为 0 分。

5. 离题、内容雷同，视程度扣 4 分、5 分或 6 分。

6. 无效话语，累计占时酌情扣分：累计占时 1 分钟以内（含 1 分钟），扣 1 分、2 分或 3 分；累计占时 1 分钟以上，扣 4 分、5 分或 6 分；有效话语不满 30 秒（含 30 秒），本测试项成绩计为 0 分。

第二章　普通话发声技能训练

发声技能包括呼吸控制、共鸣控制和吐字归音等，是指与日常口语发音不同的戏剧、电影、广播等语言使用的发音方法，也可称之为艺术语言的发音方法。

人们在日常说话的时候可能不大讲究这些，但如果在演讲、朗诵、授课等对用声有较高要求的场合，如不能对呼吸、共鸣、吐字进行科学的控制，声音就不能持久、自如、响亮、悦耳，久而久之还有可能造成对发音器官的损害。教师既是教育工作者又是语言工作者，掌握科学的发声技能，将会增加其言语的感染力、持久力和授课的艺术魅力。

第一节　呼吸控制

一、呼吸器官和呼吸原理

（一）呼吸器官

从人的言语功能的角度来看，与呼吸控制有关的器官和组织包括呼吸通道、胸腔、膈肌和腹肌。

1. 呼吸通道

人的呼吸是沿着鼻腔和口腔—咽腔—喉腔—气管—支气管—肺（见图 2-1）这一路线进行的。

2. 胸腔

胸腔（见图 2-2）即胸内的体腔部分。外部是胸廓，由骨支架和肌肉构成，形似鸟笼。胸廓的扩大和缩小是由胸部肌肉的收缩与放松来完成的。肺在胸腔内部，随胸廓的运动将空气吸入和排出。

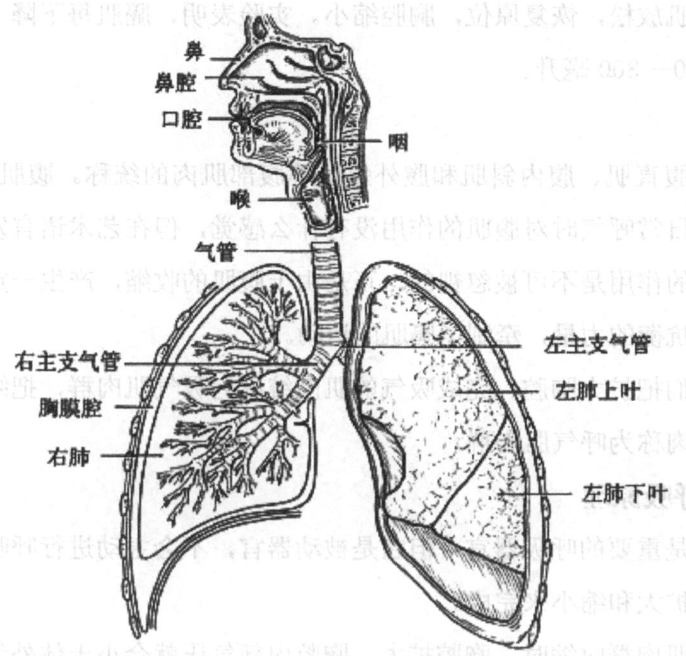

图2-1　人的呼吸通道示意图

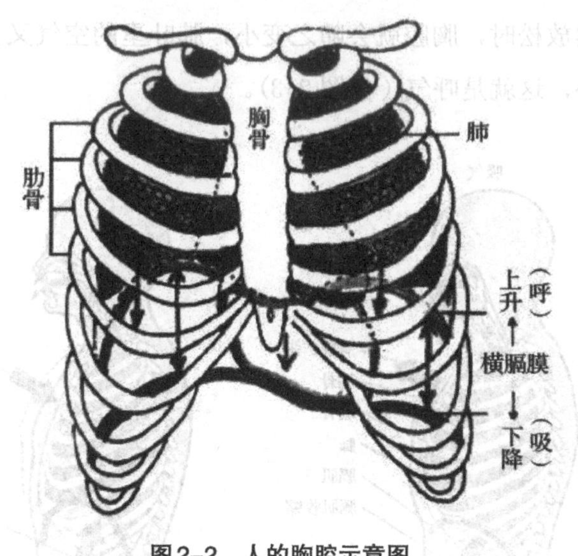

图2-2　人的胸腔示意图

3. 膈肌

膈肌也称横膈膜，像圆顶帽子一样扣在胸腔底部，周围和胸腔壁相连，把胸腔和腹腔上下隔开。膈肌属于吸气肌。吸气时，膈肌收缩下降，胸腔向下扩展；

呼气时，膈肌放松，恢复原位，胸腔缩小。实验表明，膈肌每下降 1 厘米，吸气量可增加 250—300 毫升。

4. 腹肌

腹肌是腹直肌、腹内斜肌和腹外斜肌等腹部肌肉的统称。腹肌属于呼气肌。虽然人们在日常呼气时对腹肌的作用没有什么感觉，但在艺术语言发声的呼吸控制中，腹肌的作用是不可被忽视的。正是由于腹肌的收缩，产生一定的腹压，从而形成一种抗衡的力量，牵制了膈肌的运动。

通常我们把扩大胸腔、完成吸气的肌肉统称为吸气肌肉群，把缩小胸腔、完成呼气的肌肉称为呼气肌肉群。

（二）呼吸原理

肺虽然是重要的呼吸器官，但它是被动器官，不会主动进行呼吸，人的呼吸要靠胸腔的扩大和缩小来完成。

当吸气肌肉群收缩时，胸腔扩大，胸腔内部气压就会小于体外气压，空气便由呼吸通道进入肺泡使肺叶扩张，这就是吸气过程。反之，当呼气肌肉群收缩或吸气肌肉群自然放松时，胸腔就会随之变小，肺叶里的空气又会受到挤压经过呼吸通道排出体外，这就是呼气（见图 2-3）。

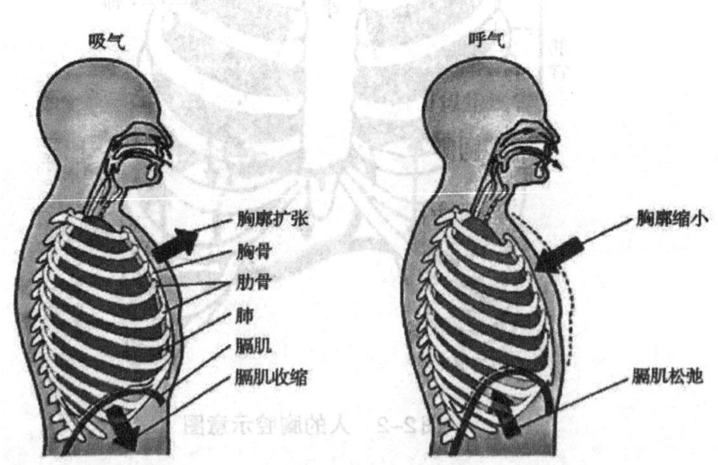

图2–3　人的呼吸过程示意图

生活中的呼吸与带有语言发声功能的呼吸之间有着明显的差异。前者是一种自律性的生理活动，而后者有感情的参与，受意识的控制。二者的呼吸量和呼吸的时间比也不相同。生活中安静状态下呼吸之间的空气交换量大约为500毫升，吸与呼的时间比约为1:1.2。而在一般言语发声时，呼吸之间的空气交换量在1000—1500毫升，吸与呼的时间比为1:5—1:8。经过严格训练，呼吸之间的空气交换量可以达到2400—3000毫升，吸与呼的时间比为1:12—1:20，甚至更大。

二、日常三种呼吸方式

(一)胸式呼吸

胸式呼吸又称浅呼吸。主要靠提起上胸扩大胸腔的前后左右径来吸气，吸气抬肩是其身体特征。在三种呼吸方式中，胸式呼吸的吸气量最小。采用这种呼吸方式发出的声音轻飘、窄细，并且容易造成肩部紧张、喉部负担重、易疲劳以及声音僵化等问题。

(二)腹式呼吸

腹式呼吸是一种深呼吸。它主要靠降低膈肌扩大胸腔的上下径来吸气，吸气时腹部外突是其身体特征。腹式呼吸虽然具有吸气量较大和深沉的优点，但这种呼吸使腹肌不能在发声时起到应有的作用，且容易造成低沉、闷暗的声音色彩。

(三)胸腹联合呼吸

胸腹联合呼吸是胸式呼吸和腹式呼吸的结合，是一种运用胸腔、膈肌和腹肌共同控制气息的呼吸方式，多见于身体强健的人。这种呼吸方式扩大了胸腔的容积，吸气量最大。

同时，由于它建立了胸、膈、腹之间的关系，所以增强了呼吸的稳健感，有利于控制，而且易于产生坚实、响亮的音色。

三、胸腹联合呼吸控制的要领

(一)吸气的要领

1. 吸到肺底

吸气要深，用吸到肺底的感觉引导气息下沉，使膈肌明显收缩下降，有效增加进气量。

2. 两肋打开

吸气时，应在肩胸放松的情况下使下肋得到较充分的扩展，此时膈肌与胸廓的运动产生联系。一般感觉两肋的打开，以左右平衡运动为主。

3. 腹壁站定

吸气时，在胸部扩张的同时，应使腹部肌肉向小腹的中心位置收缩，腹壁保持不凸不凹的状态。

上面的三条要领是胸腹联合呼吸一次吸气动作的分解，实际上它们在吸气过程中是同步进行的，所以在分解体会的基础上，还应获取综合感觉。正确的综合感觉应是：随着吸气量的增加，腰带周围逐渐紧张，躯干逐渐“发胖”，胯下沉重有力，双肩仍处于放松状态，两臂能自由动作。

(二)呼气的要领

1. 稳劲

要达到稳劲的呼气状态，应把握“力发于丹田”的要领。呼气发声时，腹肌适度保持力量，向小腹的中心位置收缩，以牵制膈肌和两肋，使其不能迅速回复到自然状态，“拉住”上行气流。呼到最后，“拉”到最后，从而产生稳劲的呼气效果。

2. 持久

气息持久有两层含义：一是一口气能够维持较久、发出较多音节，二是能够长时间保持良好的呼吸状态。单从呼气环节考虑，节省气息是关键。要最大限度地节省气息，可采用以下办法。

(1) 尽量使用偏实的中音。在低音、高音、中音三种用声方式中，中音的耗气量最少（三者耗气量的比约为4∶2∶1）。同时，由于中音上下留有余地，更有利于表达。

(2) 吞吐结合。“吞”“吐”是控制呼气发声的两种意识。以内收感为主导的控制方式叫“吞”，以外送感为主导的控制方式叫“吐”。一般情况下，人们在呼气发声时较多采用“吐”的方式，这种方式耗气较多。如果适时采用“吞”的方式呼气发声，也可以达到节省气息的目的。“吞”不是倒吸气，是在呼气过程中，吸气肌肉群最大限度地发挥作用，和呼的力量抗衡，从而减少呼气量。

(3) 加强唇舌力度。在咬字过程中，唇的开启和关闭、舌头的抬起和降落都会对呼出的气流形成不同程度的控制。因此，加强唇舌力度也可以达到省气的目的。

(4) 及时换气。气息在使用的过程中必须得到及时补充，换气时要注意以下几点。

一是要句首换气：一句话结束后不要马上进气，而是在下句开始前进气。

二是要换气到位：每次换气都应吸到肺底，不能时浅时深。丹田及下肋的感觉可以时大时小，但不能时有时无。

三是留有余地：吸气应适度，并非越多越好。一般情况下吸到七八分满即可，吸气过满会导致僵硬。使用中的气息应有所储存，不要到彻底用完时再换气，否则会声嘶力竭（单纯以增大肺活量为目的的呼吸训练除外）。

3. 变化

语言的表现力是靠声音色彩的变化来实现的，而声音色彩的变化在很大程度上又要依赖于富有活力的气息运动。因此，在获得稳劲、持久的呼吸控制能力的基础上，还应掌握动态气息的控制规律，做到声音能随内容和感情的变化而变化。具体方法如下。

(1) 调节腹肌的吃力状态。腹肌的支持力加强，可以通过与膈肌的对抗使胸腔内的气息压力加大，发出较高较强的声音；腹肌的支持力减弱，会使胸腔内的气息压力减小，发出较低较弱的声音。前者被称为强控制，后者被称为弱控制。对腹肌调节适度灵活，便会给气息造成一种有活力的控制，形成强弱之间的多层次变化。

(2) 以情运气。气乃情所致，气息自动化控制的枢纽是感情。气、声、情三者的关系是：以情运气，以气托声，以声传情。呼气发声时，要有积极的精神状态，要在理解、感受所诵读内容的基础上使感情运动起来。利用感情调节呼吸运动的方式，是呼吸控制的高级阶段。

第二节　共鸣控制

人的语音是由于呼出的气息冲击声带而形成的（声带位于喉头的中间，是两片富有弹性的带状薄膜。前端附着在甲状软骨上，后端分别跟左右两块杓状软骨相连，见图2-4）。但是，声带所发出的原始声音微弱、单薄，经过共鸣器官的扩大之后才会响亮、丰满。严格地讲，人们所听到的语音都不是声带所发出的原始声音，而是经过共鸣器官扩大之后的声音。但是生活中无意识的自然共鸣有时不能满足朗诵、演讲、授课等活动的用声要求，这就需要学习和掌握科学的共鸣方法，并进行长期的训练。一个人的声带是天生的，但是共鸣的运用是可以后天锻炼的。

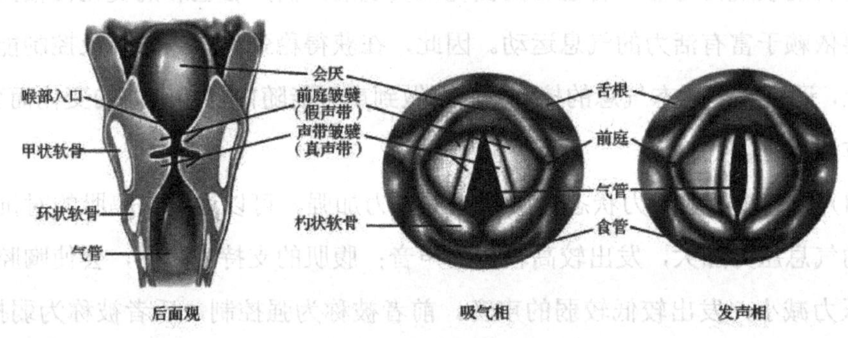

图2-4　人的喉部示意图

一、共鸣原理

两个振动频率相同的物体，当一个物体振动时，会引起另一个物体的振动，这种现象叫共振。物体因共振而发声的现象叫共鸣。共鸣的产生有两种情况：一种是感应共鸣，比如，将两个频率相同的音叉靠近，其中一个振动发声时，另一个也会发声；另一种是受迫共鸣，比如当把一串钥匙放到桌面上时，钥匙碰撞的声响明显放大，这是钥匙强迫桌面同一频率振动的结果。

共鸣的效果与共鸣腔的结构、大小和韧度有关。提琴与吉他由于箱体的结构、大小不同而有着不同的音色。在鼓面上蒙上一层棉被之后再敲击，所发出的音响同没有覆盖东西时所发出的音响有着很大的差别。共鸣腔平滑而有韧性，声音就坚实有力；反之声音易被吸收，响度与亮度就会减弱。

人在说话时，声带因振动而发出的原始声音叫基音。基音是单薄微弱的，它的声波能引起人体各共鸣腔体的共振而产生泛音，这就是人声的共鸣。人声的共鸣不仅有感应共鸣，还有受迫共鸣。前者是指基音的声波直接进入各个共鸣腔产生的共鸣，后者是指声带的振动通过软骨、肌肉直接传导到各共鸣腔而产生的共鸣。受迫共鸣是在强大的感应共鸣基础上的产物，而强大的感应共鸣需要气息的支持。

人声共鸣的意义在于扩大和美化声音。但需要说明的是，这种美化和扩大是建立在声带机能调节到符合发声要求的基础之上的，如果对声带的调节有问题，共鸣腔调节得再好也不会获得理想的共鸣。

由于每个人声带的情况、共鸣腔体的结构大小存在着差异，运动方式也有所不同，所以每个人的声音都有自己的特点。从这一点上说，人的发音器官是天生的、不可改造的。但是，人的共鸣腔体是可以调节、控制的，因此只要掌握了科学的方法，人的声音可以通过后天训练而得到改良。

二、人体共鸣器官及作用

人体有三大共鸣机构：高音共鸣机构，中音共鸣机构，低音共鸣机构。

(一) 高音共鸣机构

高音共鸣机构是指硬软腭以上各共鸣腔体，包括鼻腔、鼻窦等。这些共鸣腔体大部分属于不可调节共鸣器官，腔体具有稳定的固定空间，其体积和形状是无法改变的。它们共鸣效果的强弱，是由气息和声波传导方向的控制来决定的。它们对高音的共鸣作用很大。

(二) 中音共鸣机构

中音共鸣机构是指硬软腭以下胸腔以上各共鸣腔体，包括口腔、咽腔、喉腔等，它们属于可调节共鸣腔体。口腔可大可小，舌头可前可后、可高可低，可灵活自如地活动；咽腔的肌肉可以收缩或放松；喉腔能上能下。这些运动变化，可以塑造不同的声音。这些共鸣腔体对中音的共鸣效果非常明显。

高音共鸣机构与中音共鸣机构的示意见图 2-5。

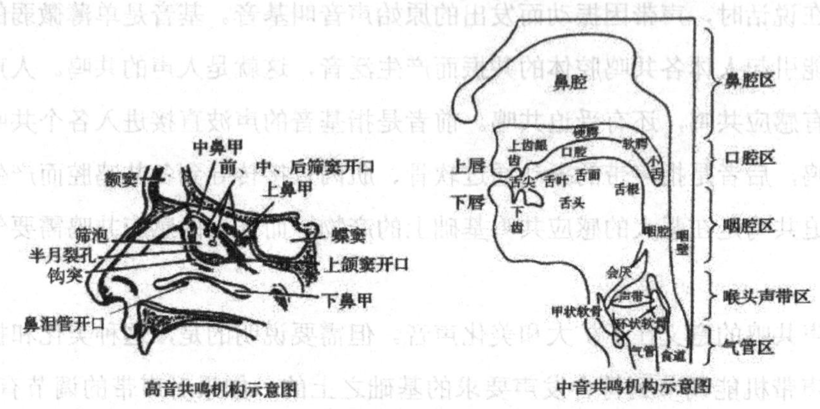

图2-5　人的头部共鸣器官示意图

（三）低音共鸣机构

低音共鸣机构主要指胸腔（见图 2-6）。胸腔能对声带发出的低频音波产生共鸣，发音如果把手放在胸口处，会感到胸部在振动，声音越低，这种振动感越明显。

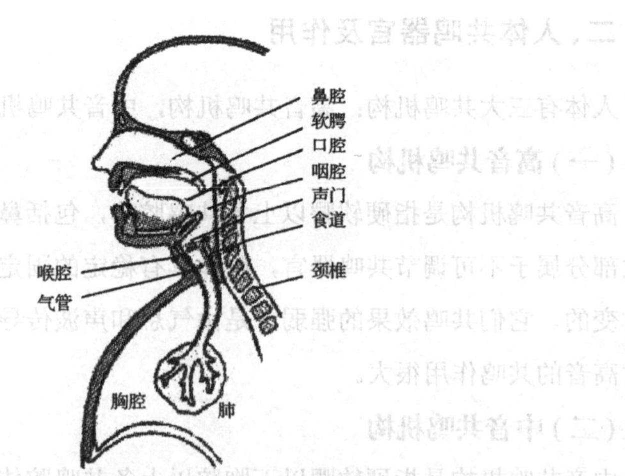

图2-6　人的头部、胸部侧面剖面图

三、科学的共鸣方式

人体三大共鸣机构各有作用，其共鸣效果也各有千秋：高音共鸣使声音高亢明亮，中音共鸣使声音坚实自然，低音共鸣使声音低沉浑厚。对于朗诵、演讲、播音、授课等口语活动的用声，我们提倡“以口腔为主的三腔共鸣”，也就是以口腔的中音共鸣为主，同时辅以适量高音、低音共鸣的复合共鸣方式。这样的共鸣方式所获得的声音有磁性、有弹性、有魅力，坚实响亮，悦耳动听。

四、共鸣控制

(一) 口腔共鸣控制

口腔是所有共鸣器官中最重要、最灵活的共鸣腔体，是中音共鸣的主要来源。控制口腔共鸣主要是扩大这一共鸣腔体，其要领是“提颧肌，打牙关，挺软腭，松下巴”，简称“提、打、挺、松”（见图 2-7）。

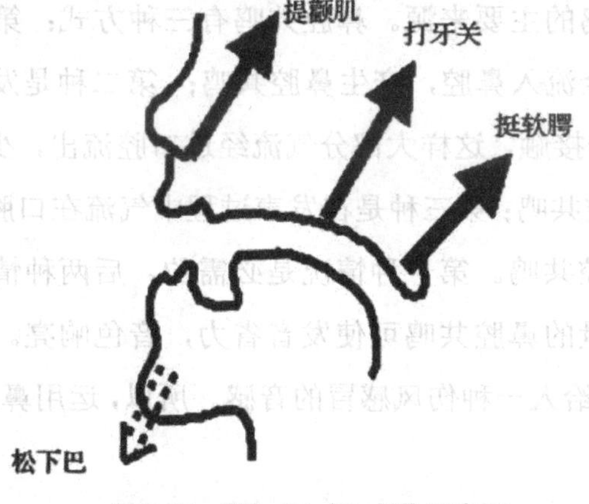

图2-7　“提、打、挺、松”示意图

1. 提颧肌。颧肌上提时，口腔前部有展宽感觉，鼻孔也随之少许张大，同时使唇尤其是上唇贴近牙齿。颧肌上提对提高声音的响亮度和字音的清晰度都有明显作用。另外，还可以用开大口同时展开鼻翼的办法来体会，这样快速做上几十次后，颧部就会感到发酸。通过反复练习，颧肌力量加大，发音时即可自然提起。

2. 打牙关。上下颌之间的关节叫牙关。如果牙关很紧，口腔不易打开，声音就会发扁，影响吐字的清晰度。打牙关可以丰富口腔共鸣，还可以使咬字位置适中，力量稳健，方法是：上颚主动抬起，仿佛上下槽牙之间有一指厚的海绵垫，同时两颊肌肉用力撑开向外绷起。这样口腔内壁肌肉有一定的紧张度，使口腔中部得以打开。如果两颊松软无力，音波便得不到很好的共鸣。

3. 挺软腭。加大口腔后部空间，缩小鼻咽入口，避免声音过多灌入鼻腔而造成浓重的鼻音。可用半打哈欠的动作来体会。

4. 松下巴。咬字的力量主要在口腔上半部，下巴向内微收，处于放松从容的状态，不能着意，更不能着力。否则，就会导致喉部紧张，发音费力，口型不雅观，发出的声音也不自然。无论从形象上看还是从声音效果上讲，下巴的大幅活动都应避免。

打开口腔是通过有关部位协同动作完成的。“提颧肌”使口腔前部适当打开，“打牙关”使口腔中部展开，“挺软腭”扩大了口腔后部。这几个动作配合起来，就使得口腔上部全面地打开，从而为口语发音提供了一个良好的共鸣环境。

（二）鼻腔共鸣控制

鼻腔是高音共鸣的主要来源。鼻腔共鸣有三种方式：第一种是发鼻辅音时软腭下垂，气流完全流入鼻腔，产生鼻腔共鸣；第二种是发元音时软腭提起靠近后咽壁，但不完全接触，这样大部分气流经过口腔流出，少部分气流沿后咽壁传至鼻腔，产生鼻腔共鸣；第三种是在发声过程中气流在口腔中冲击上颚，通过骨肉传导而产生鼻腔共鸣。第一种情况是必需的，后两种情况允许微量的鼻腔共鸣存在，因为微量的鼻腔共鸣可使发音省力，音色响亮。但过多的鼻腔共鸣会产生浓重的鼻音，给人一种伤风感冒的音感。所以，运用鼻腔共鸣要做到适时、适量。

要获得良好的鼻腔共鸣需要注意以下两点。

1. 发挥软腭的作用。软腭是鼻咽腔的底，将软腭保持在拱形，有利于咽腔对气流的推送。采用“哼鸣”练习法，便于使软腭中部产生振动，扩大鼻咽腔，同时还能打开鼻咽腔下部。通过对软腭的控制，可以掌握鼻咽腔的形状变化，进而掌控音色的变化。

2. 打开并控制颌关节。上下颌关节尽可能地张开，对于产生共鸣有好处。下颌轻轻下移，感觉好像没有重量，声音就轻松自如了。

（三）胸腔共鸣控制

胸腔是低音共鸣的主要来源。胸腔的空间及共鸣能量大，发出的声音有深度和宽度，令人感觉浑厚、宽广。

掌握胸腔共鸣的具体办法是：发声时，咽喉部呈半打哈欠状态，软腭自然下垂，把声波的反射点从硬腭移向下齿背，使声波在喉头和气管附近引起更多的振动，并继续传送到胸腔引起共鸣。胸腔共鸣的练习一定要保持喉腔松弛，不要因过分追求胸腔共鸣而压迫喉头，把浓重的喉音误认为是胸腔共鸣。

运用胸腔共鸣，体会"胸腔响点"很重要。当我们发声时，把手捂在胸口上，就会感到胸腔在振动，声音越低振动感越明显。随着声音高低变化，这种振动感会沿着胸骨做直线性的上下移动。比如，发一个夸张的阳平调，就能感到振感的集中点由胸骨的中段上移到胸骨的上端。这种胸部的振动点就是"胸部响点"，也被称为"胸部支点"。胸部支点的感觉不是一大片，而是一个振动集中点。胸部支点的把握对表情达意、言志传神也有一定的作用。在日常生活中，当人们动情地谈论事情时，声音大多带有胸声色彩，自己会觉得话语是从心底流出来的。这就是胸部支点在起作用。

把握胸部支点，首先必须通过发声找到这个点。可以从单音节练起：阴平 a 支点位置稍靠上，在胸骨上端；阳平 a 支点由下向上行；上声 a 是先下后上滑动的；去声 a 由上向下滑，降到胸骨下缘。胸部支点运动的上限和下限是分明的。上限只能在胸骨上端以下，下限在胸骨的下缘。胸部支点的运动必须控制在这个范围内。

胸部支点在语流中是运动变化的，不像单音节发声时那样容易把握。运用时要注意它的整体性，把明确性与模糊性相结合，不需要每个音节都找到"支点"。一般来说，重读音节感觉更明显，非重读音节感觉更模糊；语速较慢时感觉更明显，语速较快时感觉更模糊。

（四）课后训练

1. 共鸣训练的前期准备

(1) 掌握气息的正确控制方式。气息是发声的动力也是共鸣的基础，没有正确的呼吸方式很难产生良好的共鸣效果。共鸣不好的人大多气息不稳。

(2) 颈部挺直。目的是竖起后咽壁，保持咽腔畅通。这样，喉部发出的声音容易送达各共鸣腔体，利于获得丰富的中音、高音、低音共鸣。

(3) 胸部要自然放松，吸气不要过满。

(4) 下颌放松，适当打开口腔，上下槽牙之间保持一定距离。

2. 口腔共鸣练习

(1) 提起颧肌反复咀嚼，以加强两腮的咬劲。然后保持后槽牙上抬的感觉发音：ga、ka、ha、jia、qia、xia，感觉音节像上下槽牙之间的一颗橄榄，每咀嚼一次，发一个音。

(2) 用半打哈欠状打牙关，挺软腭，一挺一松，体会挺起软腭的感觉。然后保持软腭挺起的状态发音：gǎo、kǎo、hǎo。

(3) 按“提、打、挺、松”的要领，从容发音：ai、ei、ao、ou、ba、bi、bu、pa。

练习：渊源 黄昏 尖端 湘江 光芒 荒凉

五、综合练习

(一) 扩展音域练习

1. 上绕音练习：由低到高螺旋形向上发 a 和 i，气息要拉住，小腹逐渐收紧。
2. 下绕音练习：由高到低螺旋形向下发 a 和 i，气息要托起，小腹逐渐放松。
3. 用不同的音高朗读同一首短诗。

(二) 夸张四声练习

运用共鸣技能做夸张声调的训练，每个字都要有一定的响度。

练习：花—红—柳—绿 万—古—长—青 龙—飞—凤—舞

(三) 大声呼喊练习

假设老张在 80—100 米处，呼唤他。

练习：老——张——！快——过——来——！

呼唤时，注意控制气息，并注意延长音节，体会三腔共鸣。

第三节 吐字归音

吐字归音是我国传统说唱艺术提及咬字方法时的一个代用术语，其中既包括发音的基本要领，也包括发音的审美要求。它是根据汉语语音特点，把一个音节的发音过程分为出字、立字、归音三个阶段，通过对每个阶段的控制，使整个音节的发音清晰饱满，字正腔圆。

我国传统音韵学把一个汉语音节分为声母、韵母和声调三个部分，又把韵母分成韵头、韵腹和韵尾（见图 2-8）。声母也叫字头；韵头也叫字颈或介音；韵腹也叫字腹；韵尾也叫字尾。声调也叫字神，贯串音节始终，主要体现在韵腹上。

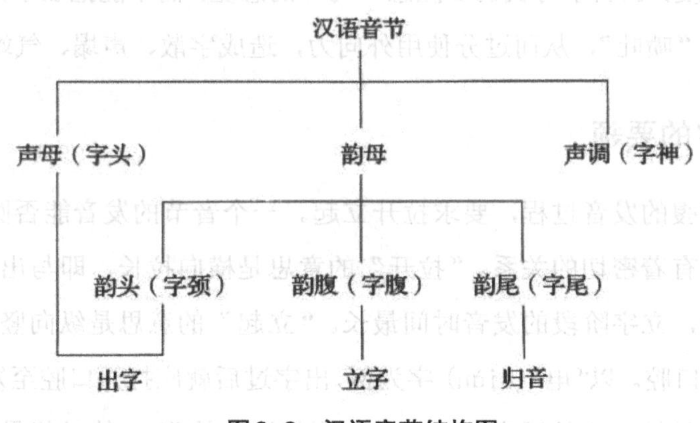

图 2-8 汉语音节结构图

一、出字的要领

出字是指字头和字颈的发音过程，也就是声母与韵头的发音过程。出字要求做到部位准确，蓄气充足，弹发有力。

在实际发音中，这种要求主要落实在声母的发音过程中。例如“电”（diàn）的出字过程应该是这样的：先在准确位置——舌尖与上齿龈成阻（声母 d 是舌尖中音，成阻部位是舌尖与上齿龈），蓄积足够气力，然后迅速除去舌尖与上齿龈的阻力并与韵头 i 迅速结合，打开口腔。在出字阶段，声母 d 和韵头 i 实际是一个整体过程，而不是 d 和 i 两个音素的分解。出字过程要有一定的弹射力，这是整个音节的发音是否有力度的关键。

老艺人把出字过程形象地比作“噙”，说“噙字如噙虎”。意思是说，出字时就像大老虎叼着小老虎跳跃山涧一样不紧不松。叼得紧了会死，叼得松了会掉。说明出字要用巧力，须集中而富有弹性。

字颈（韵头、介音）都是由窄元音 i、u、ü 充当的，虽然属于韵母的一部分，但在实际发音中与声母的关系密切，它决定了出字时的口型。如 qiān、quān 两个音声母都是 q，但由于后面的音不同，出字时的口型不一样。为了便于掌握，不致使介音过度延长，我们可把字头和字颈看作一个单位。还是以“电”(diàn) 字为例，各成分间的关系可以这样表示：d-i——a——n。只有出字有力，才能使整个音节的发音响亮清晰。

从美的角度，在出字时我们要注意“叼”的感觉，而不能把吐字归音的“吐”简单地理解为“喷吐”，从而过分使用外向力，造成字散、声塌、气竭的问题。

二、立字的要领

立字是韵腹的发音过程，要求拉开立起。一个音节的发音能否圆润、饱满，与韵腹的发音有着密切的关系。“拉开”的意思是横向拉长，即与出字和归音两个阶段相比较，立字阶段的发音时间最长。“立起”的意思是纵向竖起，即韵腹发音时要打开口腔。以“电”(diàn) 字为例，出字过后就应打开口腔至发 a 的状态，气要跟上并获得较丰富的泛音共鸣。与头尾相比，韵腹 a 的时值最长，并且要有立体的感觉。即使是窄元音 i、u、ü 充当韵腹时，口腔也应适当开大以增强口腔共鸣，这样整个音节的发音才会有“立度”。

三、归音的要领

归音是指音节发音的收尾过程，要求趋向鲜明，唇舌到家，干净利索。趋向鲜明的意思是，唇舌要有明确的行进方向，要朝着收尾音素的舌位、唇形或成阻部位行进。唇舌到家的意思是，唇舌要达到收尾音素发音时所应达到的位置。干净利索的意思是归音阶段不要过于延长，不要“拖泥带水留尾巴”。不同韵尾的归音具体要求如下。

i 做韵尾时，舌位要提到一定高度，因为 i 是舌面、前、高不圆唇元音。如：你从雪山走来（lái），春潮是你的风采（cǎi）。

u 做韵尾（包括 ao、iao）时，要收圆双唇，因为 u 是圆唇元音。如：小小竹排江中游（yóu），巍巍青山两岸走（zǒu）；蓝蓝的天上白云飘（piāo），白云下面马儿跑（pǎo）。

n 做韵尾时，舌尖要收到上齿龈并且阻住口腔通道，因为 n 是舌尖中音、鼻辅音，其成阻部位是舌尖与上齿龈。如：黄河远上白云间（jiān），一片孤城万仞山（shān）。

ng 做韵尾时，舌根要收到软腭且阻住口腔通道，因为 ng 是舌根音、鼻辅音，其成阻部位是舌根与软腭。如：床前明月光（guāng），疑是地上霜（shuāng）。

四、“枣核形”的发音过程

符合出字、立字、归音要求的吐字过程，应构成一个完整立体的枣核形状。“枣核形”以声母、韵头为一端，韵尾为一端，韵腹为核心（见图 2-9）。

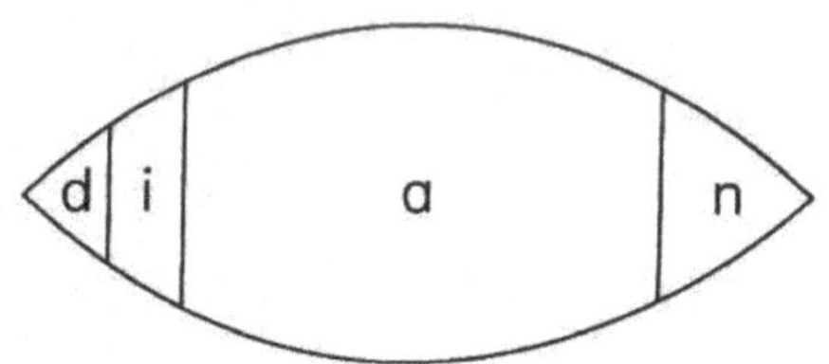

图 2-9　“枣核形”发音过程示意图

须注意的是，强调“枣核形”的发音过程并不是将一个字音分解，依次读出它的各个音素，整个音节的发音应是自然行进的整体。

“电”（diàn）是头、颈、腹、尾俱全的音节，属于标准的“枣核字”，以这种音节为例比较容易体会和把握“枣核形”的内涵。但有些音节不太容易把握，这里做如下提示。

1. 零声母音节，即没有声母的音节。为了形成“枣核形”，可将第一个元音发成半元音，即开始时口腔稍紧些，使出音带少许摩擦。这种使元音部分辅音化的发音方式主要是为了字音清晰，连读时不易产生误解。比如“皮袄”(pí’ǎo)中的 a 可发成半元音，不然在连读时，就可能被误听为“漂”(piǎo)。

2. 开尾音节，即没有韵尾的音节。为使声音集中，也应有归音感觉。在韵腹发音结束时，口腔要随之收小，把音“拢住”。

掌握以上方法，即使不是“枣核字”，也同样可以发成“枣核形”。

“枣核形”的发音训练是使单个音节的发音符合特殊审美需要的一种必要的分步训练过程，但作为技巧训练，它最终要为表达思想感情服务。所以，在具体使用时，“枣核形”不能一成不变。字字“枣核”不但听起来不够自然、朴实、亲切，有时还会削弱语言的感情色彩，破坏语言节奏，影响内容的表达。要视不同情况使“枣核形”有所变化，或拉长或缩短，吐字的力度可强可弱。这是允许的，也是必需的。

第三章　普通话的语音与语调

第一节　普通话的常用概念和声调、调值、调类

一、普通话语音的一些常用概念

（一）音素

音素是语音的最小单位，分为元音和辅音两种。元音发音时不受气流阻碍，声音比较响亮，如 a、o、e、i、u、ü 等。辅音发音时，气流在口腔内会受到一定的阻碍，根据受阻的部位不同，可分为双唇音（b、p、m）、唇齿音（f）、舌尖前音（z、c、s）、舌尖中音（d、t、n、l）、舌尖后音（zh、ch、sh、r）、舌面音（j、q、x）和舌根音（g、k、h、ng）。

（二）音节

音节是语音最基本和最自然的单位，是学好普通话的关键。一个音节可分成三个部分：声母、韵母、声调。

1. 声母

声母是音节开头的辅音。开头无声母的音节称为零声母。辅音除 ng 外，其余 21 个均可作声母。注意：y、w 不是声母，它们有时用于替代 i 和 u，有时只是不发音的符号。

2. 韵母

韵母是指音节中声母后面的部分，由元音或元音加辅音（n 或 ng）构成。韵母可分为单韵母（由单个元音独立构成）、复韵母（由两个或三个元音构成）和鼻韵母（由一个或两个元音加上 n 或 ng 构成，n 和 ng 皆为鼻音，故称鼻韵母）。

3. 声调

声调是指一个音节的高低变化，共分为五类：阴平 (55)、阳平 (35)、上声 (214)、去声 (51)、轻声。

（三）语调

语调是指由语音的高低、强弱变化及节奏、停连等因素的总和所构成的语句的声音效果。

二、声调、调值、调类

（一）声调

声调是指汉语音节高低升降的变化形式。一般在汉语中，一个音节就是一个汉字，所以声调也就是字调。声调是汉语音节不可缺少的重要组成部分，它同声母、韵母一样，具有区别语义的作用。如“题材”与“体裁”、“事业”与“视野”等。

（二）调值

调值是指音节高低、升降、曲直、长短的变化形式，也就是声调的实际读音。普通话有四种基本调值（不含轻声），即阴平 55、阳平 35、上声 214、去声 51，如图 3-1 所示。

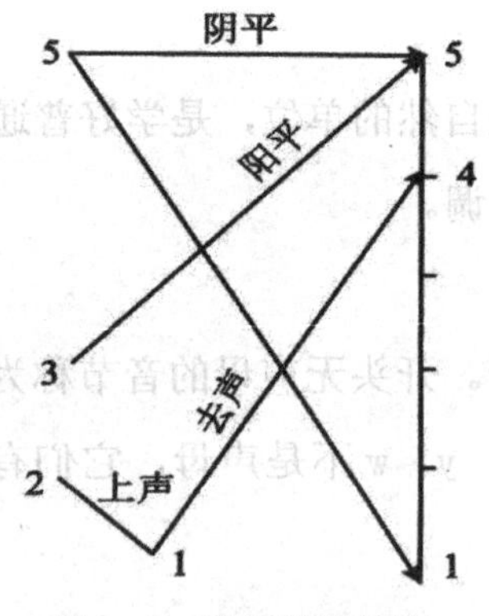

图3-1　声调的调值图

（三）调类

调类就是指声调的种类。调值相同的字归在一起就是一个调类，普通话有五种基本调值（含轻声），因此也就可以归纳出五个调类：阴平、阳平、上声、去声、轻声。

三、绕口令练习

绕口令在练声中是必不可少的，它属于流传于民间的口头文学，语言生动形象、富于变化。我们会根据每节课的内容选择一些绕口令，目的就是用来练习发音部位和发音方法的准确性。练习时，先通读一遍，找到问题所在，从说清意思开始，再逐渐加快节奏。练习时应与气息结合起来进行。例如：

大和尚与小和尚

大和尚装诓去哪逛？大和尚往往过长江。慌张过江闯哪庄，过江去访小和尚，大和尚姓张没说谎，小和尚姓蒋真情况，床边窗前长商量，遇事桩桩双不诳。大和尚强小和尚棒，养蜂嗡嗡把蜜酿。

四、作业

（一）发声训练。

（二）绕口令训练。

（三）小短文训练。

谈友谊（节选三）

梁实秋

大抵物以类聚，人以群分。臭味相投，方能永以为好。交朋友也讲究门当户对，纵不像九品中正那么严格，也自然有个界线。“同学少年多不贱，五陵裘马自轻肥”，于“自轻肥”之余还能对着往日的旧游而不把眼睛移到眉毛上边去吗？汉光武容许严子陵把他的大腿压在自己的肚子上，固然是雅量可风，但是严子陵之毅然决然地归隐于富春山，则尤为知趣。朱洪武写信给他的一位朋友说：“朱元璋作了皇帝，朱元璋还是朱元璋……”话自管说得很漂亮，看看他后来之诛戮功臣，也就不免令人心悸。人的身心构造原是一样的，但是一入宦途，可能发生突变。孔子说，无友不如己者。我想一来只是指品学而言，二来只是说不要结交比自己坏的，并没有说一定要我们去高攀。友谊需要两造，假如双方都想结交比自己好的，那就永远交不起来。

好像是王尔德说过，“一个男人与一个女人之间是不可能有友谊存在的”。就一般而论，这话是对的，因为男女之间有深厚的友谊，那友谊容易变质，如果不是心心相印，那又算不得是友谊。过犹不及，那分际是难以把握的。

第二节　汉语声调发声训练

一、阴平调的发音

阴平是普通话的第一声，其调值是 55，阴平的发音又高又平，在发音过程中始终保持调值高度不变。例如：

阴 + 阴——播音　拥军　东升　公安　深山

阴 + 阳——争雄　高潮　新闻　编辑　资源

阴 + 上——黑塔　施舍　听讲　生产　春水

阴 + 去——飞快　规定　通信　经济　先烈

二、阳平调的发音

阳平是普通话的第二声，其调值是 35。阳平调是从 3 度的位置起音，升到 5 度。例如：

阳 + 阴——国歌　节约　澄清　联欢　轮班

阳 + 阳——联营　石油　行情　达成　题材

阳 + 上——读者　谜底　绝响　邻里　求索

阳 + 去——局势　豪迈　存放　群众　停顿

三、上声调的发音

上声是普通话的第三声，其调值是 214，先降后升。我们在实际发声时，一般发成 2114，也就是从 2 度下滑到 1 度，这时，在声音的底部会出现一个很小的平滑音，然后用力把声音抛向 4 度。上声在发声的很多时候会发生音变，这里我们只练习单音节。例如：

好　美　你　雨　水　请　走　腿　毁　袄　宝　炒　岛　否　搞

四、去声调的发音

去声是普通话的第四声，其调值是 51，也叫全降调。去声是从5度直降到1度，声调下落的幅度最大。例如：

去＋阴——矿工　下乡　象征　地方　贵宾

去＋阳——慰劳　政权　内容　措辞　动员

去＋上——耐久　外语　运转　宴请　剧本

去＋去——日月　布告　创办　庆幸　报告

五、同声韵四声练习

同声韵四声的练习。例如：

巴拔把爸　坡婆叵破　猫毛卯冒　芳房访放　低敌底第

通同统痛　歌隔葛个　憨含喊汗　深神沈甚　猜才采菜

非肥匪费　家夹甲价　挖娃瓦袜　晕云允韵　窗床闯创

六、绕口令练习

老史与老石

老师老是叫老史去捞石，老史老是让老石去捞石，老石老是看老史不捞石，老师老是说老史不老实。

妈妈骑马

妈妈骑马，马慢，妈妈骂马；伯伯磨墨，墨破，伯伯摸墨；姥姥烙酪，酪落，姥姥捞酪；舅舅救鸠，鸠飞，舅舅揪鸠。

七、作业

（一）发声训练。

（二）绕口令训练。

（三）小短文训练。

谈友谊（节选四）

梁实秋

忘年交倒是可能的。祢衡年未二十，孔融年已五十，便相交友，这样的例子史不绝书。但似乎是也以同性为限。并且以我所知，忘年交之形成固有赖于兴趣之相近与互相之器赏，但年长的一方面多少需要保持一点童心，年幼的一方面多少需要显得几分老成。老气横秋则令人望而生畏，轻薄儇佻则人且避之若浼。单身的人容易交朋友，因为他的情感无所寄托，漂泊流离之中最需要一个一倾积愫的对象，可是等到他有红袖添香稚子候门的时候，心境便不同了。

“君子之交淡若水”，因为淡所以才能不腻，才能持久。“与朋友交，久而敬之。”敬就是保持距离，也就是防止过分的亲昵。不过“狎而敬之”是很难的。最要注意的是，友谊不可透支，总要保留几分。Mark Twain说：“神圣的友谊之情，其性质是如此的甜蜜、稳定、忠实、持久，可以终生不渝，如果不开口向你借钱。”这真是慨乎言之。朋友本有通财之谊，但这是何等微妙的一件事！世上最难忘的事是借出去的钱，一般认为最倒霉的事又莫过于还钱。一牵涉到钱，恩怨便很难清算得清楚，多少成长中的友谊都被这阿堵物戕害！

第四章 普通话声母训练

普通话的声母共有22个（包括零声母），其中21个由辅音充当。这里我们先看看口腔的发音位置，具体如图4-1所示。

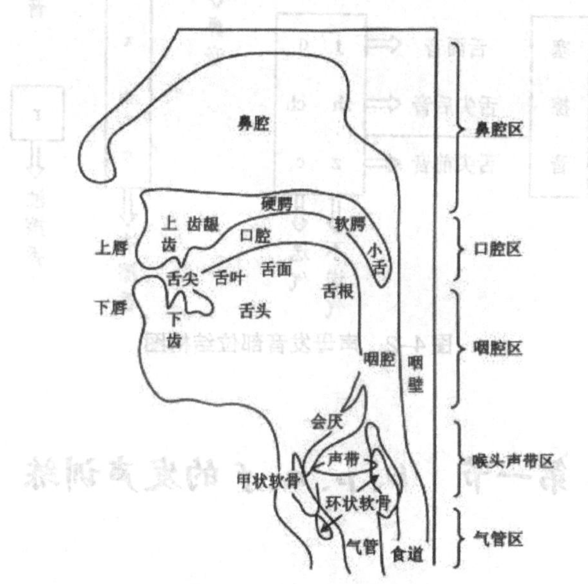

图4-1 口腔发音位置图

不同的辅音，发声受阻的位置、特点也不相同，因此，我们也必须了解声母的发声方法。声母发声部位结构图如图4-2所示。

辅音发音时，气流在口腔内受到一定的阻碍，根据受阻部位的不同，可分为：双唇音 b、p、m；唇齿音 f；舌尖中音 d、t、n、l；舌根音 g、k、h；舌面音 j、q、x；舌尖后音 zh、ch、sh、r；舌尖前音 z、c、s。

气流受阻后，有以下几种打开方式：发音部位完全阻塞后，受阻部位突然打开的音称为塞音，有 b、p、d、t、g、k；发音部位不完全阻塞时，让气流从狭小的缝隙通过的音称为擦音，有 f、h、x、sh、s、r；发音部位完全阻塞后，受阻部位打开一个缝隙，让气流从狭小的缝隙通过的音称为塞擦音，有 j、q、zh、ch、z、c；气流从鼻腔通过的音称为鼻音，有 m、n、ng；发声时不碰及声带的音称为清音，辅音中绝大部分是清音；碰击声带的音称为浊音，有 r。

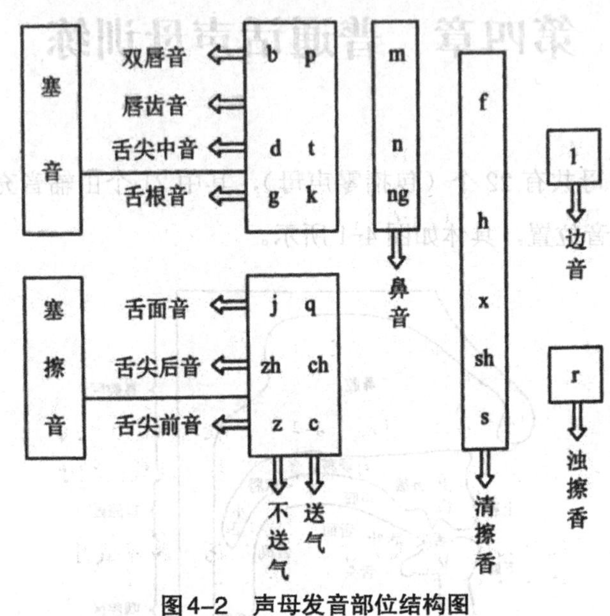

图4-2　声母发音部位结构图

第一节　b、p、m、f 的发声训练

b、p、m、f 是一组双唇音和唇齿音的练习。b、p、m 的发声阻碍在双唇之间，因此称为双唇音；f 的发声阻碍在唇齿之间，因此称为唇齿音。

一、语音训练

(一) b：双唇不送气清塞音

双唇闭合，同时软腭上升，关闭鼻腔通路；气流到达双唇后积蓄，突然打开双唇而成声。

1. 单音节

表 波 不 悲 滨　班　北　别　蹦　本

2. 双音节

八卦　黑白　百般　恐怖　班级　捆绑　臂膀　包裹　苞谷

卑鄙　悲苦　界碑　奔驰　本来　崩塌　崩裂　彼此　卢布

3. 四音节

不谋而合　闭关自守　半路出家　悲欢离合　暴跳如雷

跋山涉水　不约而同　博采众长　不知所措　百发百中

（二）p：双唇送气清塞音

双唇闭合，同时软腭上升，关闭鼻腔通路；气流到达双唇后积蓄，从肺部呼出一股较强的气流而成声。

1. 单音节

瓶　潘　飘　胖　盆　拍　批　坡　鹏　牌

2. 双音节

压迫　节拍　牌坊　攀升　盘踞　乒乓　旁枝　眼泡　咆哮

批注　抨击　疲惫　脾脏　漂泊　拼搏　草坪　陡坡　铺子

3. 四音节

评头品足　破釜沉舟　匹夫有责　跑马观花　披星戴月

抛砖引玉　萍水相逢　平分秋色　平心静气　旁观者清

（三）m：双唇鼻音

双唇闭合，同时软腭下垂，打开鼻腔通路；声带振动，气流同时到达口腔和鼻腔，在口腔受阻后，气流从鼻腔透出而成声。

1. 单音节

吗　门　名　慢　米　谬　满　谋　没　灭

2. 双音节

妈妈　麻痹　年末　埋怨　满意　盲文　茅屋　抛锚　没有

闷热　他们　蒙骗　绵软　描摹　泯灭　无眠　实木　模样

3. 四音节

满面春风　马到成功　茅塞顿开　民富国强　弥天大谎

满城风雨　毛手毛脚　美不胜收　面目全非　埋头苦干

（四）f：唇齿清擦音

下唇向上门齿靠拢，形成间隙，软腭上升，关闭鼻腔通路；使气流从唇齿形成的间隙中摩擦通过而成声。

1. 单音节

伐　翻　方　肥　粉　奉　否　伏　疯　发

1. 双音节

仿佛　犯法　芬芳　丰富　方法　反复

发放　肺腑　吩咐　防范　非凡　奋发

2. 四音节

风尘仆仆　防患未然　反复无常　飞沙走石　发扬光大

飞扬跋扈　翻来覆去　分秒必争　风吹草动　风平浪静

二、绕口令练习

八百标兵

八百标兵奔北坡，炮兵并排北边跑。炮兵怕把标兵碰，标兵怕碰炮兵炮。

蓝布棉门帘

有个面铺面朝南，门上挂着蓝布棉门帘，摘了蓝布棉门帘，面铺面朝南，挂上蓝布棉门帘，面铺还是面朝南。

白石塔

白石塔，白石搭，白石搭白塔，白塔白石搭，搭好白石塔，白塔白又大。

芳芳画了朵黄花

芳芳画了朵黄花，华华画了个方框，华华想拿他画的方框换芳芳画的黄花，芳芳用她画的黄花换了华华画的方框。

三、作业

（一）发声训练。

（二）绕口令训练。

（三）小短文训练。

谈友谊（节选五）

梁实秋

规劝乃是朋友中间应有之义，但是谈何容易。名利场中，沆瀣一气，自己都难以明辨是非，哪有余力规劝别人？而在对方则又良药苦口忠言逆耳，谁又愿意让人批他的逆鳞？规劝不可当着第三者的面前行之，以免伤他的颜面，不可在他情绪不宁时行之，以免逢彼之怒。孔子说："忠告而善道之，不可则止。"我总以为劝善规过是友谊之消极的作用。友谊之乐是积极的。只有神仙与野兽才喜欢孤独，人是要朋友的。"假如一个人独自升天，看见宇宙的大观，群星的美丽，他并不能感到快乐，他必要找到一个人向他述说他所见的奇景，他才能快乐。"共享快乐，比共受患难，应该是更正常的友谊中的趣味。

第二节　d、t、n、l 的发声训练

d、t、n、l 是一组舌尖中音的练习，这一组音的发声阻碍在舌尖与上齿龈之间，因此称为舌尖中音。

一、语音训练

（一）d：舌尖中不送气清塞音

舌尖抵住上齿龈，形成阻塞，软腭上升，关闭鼻腔通路；气流到达口腔后积蓄，突然解除阻塞而成声。

1. 单音节

大 道 调 担 灯 到 杜 得 电 叨 丢 斗 多

2. 双音节

答对 单调 到达 断定 当代 道德

抵挡 大地 顶端 电灯 打到 等待

3. 四音节

顶天立地 调虎离山 大公无私 大书特书 大功告成

点石成金 大开眼界 多多益善 多快好省 大刀阔斧

（二）t：舌尖中送气清塞音

舌尖抵住上齿龈，形成阻塞，软腭上升，关闭鼻腔通路；气流到达口腔后积蓄，从肺部呼出一股较强的气流而成声。

1. 单音节

退 土 逃 坛 淌 屯 铁 图 停 特 台 团

2. 双音节

吞吐 梯田 挑剔 天堂 跳台 推脱

探讨 体贴 铁蹄 天坛 探听 团体

3. 四音节

推波助澜 铁证如山 同甘共苦 土崩瓦解 同舟共济

通宵达旦 偷天换日 同流合污 兔死狐悲 谈虎色变

（三）n：舌尖中鼻音

舌尖抵住上齿龈，形成阻塞，软腭下垂，打开鼻腔通路；声带振动，气流到达口腔和鼻腔，在口腔受阻后，气流从鼻腔透出而成声。

1. 单音节

拿 乃 南 囊 闹 嫩 能 你 年 娘 鸟 捏

2. 双音节

牛奶 能耐 南宁 奶牛 难弄 男女

恼怒 泥泞 农奴 扭捏 奶娘 奶奶

3. 四音节

南腔北调　难解难分　能者多劳　能说会道　怒形于色

难能可贵　弄假成真　怒发冲冠　怒火中烧　南征北战

(四) l：舌尖中边音

舌尖抵住上齿龈后部，阻塞气流从口腔中路通过通道，软腭上升，关闭鼻腔通路；气流到达口腔后，从舌头与两颊内侧形成的空隙间通过而成声。

1. 单音节

拉　来　烂　朗　牢　泪　冷　龙　漏　力　脸

聊　列　临　领　刘　路　乱　论　洛　吕　掠

2. 双音节

理论　留意　玲珑　罗列　冷落　劳力

流利　榴梿　柳绿　勒令　嘹亮　琉璃

3. 四音节

来者不拒　劳而无功　劳苦功高　老态龙钟　冷若冰霜

离题万里　里应外合　两全其美　流言蜚语　炉火纯青

二、鼻音n和边音l的辨析

鼻音 n 和边音 l 的辨析。例如：

女客—旅客　男子—篮子

难住—拦住　牛年—留恋

女色—绿色　能源—冷源

三、绕口令练习

调到敌岛打特盗

调到敌岛打特盗，特盗太刁投短刀，挡推顶打短刀掉，踏盗得刀盗打倒。

打　铁

日打铁，夜打铁，日夜打铁不停歇。农业生产赶季节，打出农具支农业。

来了两队篮球运动员

来了两队篮球运动员，一队穿蓝球衣的男运动员，一队穿绿球衣的女运动员。男女运动员都来练投篮，不怕累，不怕难，努力练投篮。

牛郎年年恋刘娘

牛郎年年恋刘娘，刘娘连连念牛郎，牛郎恋刘娘，刘娘念牛郎，郎恋娘来娘念郎。

四、作业

（一）发声训练。

（二）绕口令训练。

（三）小短文训练。

大宇宙中谈博爱（节选）

胡适

我们要谈博爱，一定要换一观念。古时那种喂蚊割肉的博爱，等于开空头支票，毫无价值。现在的科学才能放大我们的眼光，促进我们的同情心，增加我们助人的能力。我们需要一种以科学为基础的博爱——一种实际的博爱。

孔子说:“修己以敬人，修己以安人，修己以安百姓。”修己就是把自己弄好。我们应当先把自己弄好，然后再帮助别人；独善其身然后能兼善天下。同学们，现在我们读书的时候，不要空谈高唱博爱；但应先努力学习，充实自己，到我们有充分能力的时候才谈博爱，仍不算迟。

第三节　g、k、h 的发声训练

g、k、h 这是一组舌根音的练习，这一组音的发声阻碍在舌根部位，因此称为舌根音。

一、语音训练

（一）g：舌面后不送气清塞音

舌面后隆起抵住硬腭和软腭交界处，形成阻塞，软腭上升，关闭鼻腔通路；气流在形成阻塞的部位后积蓄，突然解除阻塞而成声。

1. 单音节

故　哥　耕　干　共　改　更　古　关　光　广　工　刚

2. 双音节

规格　巩固　公告　骨骼　光顾　感官

改革　灌溉　高贵　公共　梗概　骨干

3. 四音节

歌功颂德　各自为政　光彩夺目　甘拜下风　感人肺腑

高谈阔论　心甘情愿　纲举目张　高歌猛进　顾虑重重

（二）k：舌面后送气清塞音

舌面后隆起抵住硬腭和软腭交界处，形成阻塞，软腭上升，关闭鼻腔通路；气流在形成阻塞的部位后积蓄，从肺部呼出一股较强的气流而成声。

1. 单音节

渴　看　考　扣　卡　坑　课　空　哭　砍　宽　筐　库　肯

2. 双音节

开口　苛刻　可靠　刻苦　空旷　坎坷

困苦　宽阔　慷慨　窥看　亏空　开垦

3. 四音节

口蜜腹剑　空前绝后　开源节流　可歌可泣　康庄大道

侃侃而谈　刻骨铭心　开门见山　扣人心弦　开卷有益

（三）h：舌面后清擦音

舌面后部隆起接近硬腭和软腭交界处，形成间隙，软腭上升，关闭鼻腔通路；使气流从形成的间隙中摩擦通过而成声。

1. 单音节

寒　杭　浩　黑　恨　红　后　胡　花　坏　欢　黄　汇

2. 双音节

黄昏　含混　荷花　悔恨　绘画　红花

黄海　浑厚　航海　缓和　欢呼　和好

3. 四音节

和平共处　骇人听闻　好为人师　海誓山盟　汗马功劳

好大喜功　海阔天空　海枯石烂　含沙射影　好景不长

二、绕口令练习

哥挎瓜筐过宽沟

哥挎瓜筐过宽沟，赶快过沟看怪狗，光看怪狗瓜筐扣，瓜滚筐空哥怪狗。

窝和锅

树上一个窝，树下一口锅，窝掉下来打着锅，窝和锅都破，锅要窝赔锅，窝要锅赔窝，闹了半天，不知该锅赔窝，还是窝赔锅。

三、作业

（一）发声训练。

（二）绕口令训练。

（三）小短文训练。

曾国藩家书

曾国藩

我要步步站得稳，须知他人也要站得稳，所谓立也。我要处处行得通，须知他人也要行得通，所谓达也。今日我处顺境，预想他日也有处逆境之时；今日我以盛气凌人，预想他日人亦有以盛气凌我之身，或凌我之子孙。常以"恕"字自惕，常留余地处人，则荆棘少矣。

第四节 j、q、x 的发声训练

j、q、x 这是一组舌面音的练习，这一组音的发声阻碍在舌面与上颚部位，因此称为舌面音。

一、语音训练

(一) j：舌面前不送气清塞擦音

舌尖抵住下门齿背，使舌面前部贴紧硬腭前部，软腭上升，关闭鼻腔通路；在阻塞的部位后积蓄气流，突然解除阻塞时，在原形成闭塞的部位之间保持适度的间隙，使气流从间隙透出而成声。

1. 单音节

炯 决 机 居 家 街 景 金 捐 叫 脚 江 俊 间

2. 双音节

艰巨 加紧 建交 交际 集结 家具

简洁 经济 积极 境界 倔强 即将

3. 四音节

济济一堂 价廉物美 戒骄戒躁 箭在弦上 急如星火

假公济私 驾轻就熟 皆大欢喜 解放思想 解甲归田

(二) q：舌面前送气清塞擦音

舌尖抵住下门齿背，使舌面前部贴紧硬腭前部，软腭上升，关闭鼻腔通路；

在阻塞的部位后积蓄气流，突然解除阻塞时，在原形成闭塞的部位之间保持适度的间隙，从肺部呼出一股较强的气流而成声。

1. 单音节

全 抢 取 其 清 亲 桥 恰 情 球 去 缺 窃 前

2. 双音节

弃权 情趣 亲戚 秋千 恰巧 请求

轻巧 铅笔 崎岖 求亲 气球 铅笔

3. 四音节

岂有此理 奇珍异宝 其貌不扬 奇耻大辱 取之不尽

千载难逢 七上八下 气吞山河 千山万水 旗鼓相当

（三）x：舌面前清擦音

舌尖抵住下门齿背，使舌面前部接近硬腭前部，形成适度的间隙；气流从空隙间摩擦通过而成声。

1. 单音节

新 小 想 修 凶 姓 宣 许 系 雪 休 先 校 消

2. 双音节

驯服 相信 学习 虚心 细问 新鲜 先行 休息 消息

详细 形象 喜讯 想象 训练 询问 玄妙 血统 血管

3. 四音节

弦外之音 相敬如宾 心心相印 心领神会 心慌意乱

心急如火 谢天谢地 习以为常 洗耳恭听 逍遥自在

二、舌面音练习

舌面音练习。例如：

j：嘉奖 健将 讲解 简洁

q：亲切 轻巧 气球 崎岖

x：新鲜 雄心 相信 闲暇

jq：坚强 解劝 进去 就寝

jx：焦心　酒席　俊秀　迹象

qj：清洁　奇迹　起居　巧计

qx：抢先　前线　亲信　取消

xj：消极　细节　先进　夏季

xq：稀奇　戏曲　向前　小桥

三、绕口令练习

七巷一个漆匠

七巷一个漆匠，西巷一个锡匠，七巷漆匠偷了西巷锡匠的锡，西巷锡匠拿了七巷漆匠的漆，七巷漆匠气西巷锡匠偷了漆，西巷锡匠讥七巷漆匠拿了锡。请问漆匠和锡匠，谁拿了谁的锡，谁偷了谁的漆。

四、作业

（一）发声训练。

（二）绕口令训练。

（三）小短文训练。

初相遇

席慕蓉

美丽的梦和美丽的诗一样
都是可遇而不可求的
常常在最没能料到的时刻里出现
我喜欢那样的梦
在梦里 一切都可以重新开始
一切都可以慢慢解释
心里甚至还能感觉到所有被浪费的时光
竟然都能重回时的狂喜和感激
胸怀中满溢着幸福

只因为你就在我眼前
对我微笑一如当年
我真喜欢那样的梦
明明知道你已为我跋涉千里
却又觉得芳草鲜美落英缤纷
好像你我才初初相遇

第五节　zh、ch、sh、r 的发声训练

zh、ch、sh、r 是一组舌尖后音的练习，这一组音的发声阻碍在舌尖与上颚之间，因此称为舌尖后音。

一、语音训练

（一）zh：舌尖后不送气清塞擦音

舌头前部上举，抵住硬腭前端，同时软腭上升，关闭鼻腔通路；在形成阻塞的部位后积蓄气流，突然解除阻塞时，在原先形成闭塞的部位之间保持适度的间隙，使气流从间隙透出而成声。

1. 单音节

眨　者　竹　治　斋　照　周　抓　浊　追　展　贞　仗　争

2. 双音节

制止　郑重　支柱　转折　政治　战争
指针　挣扎　状纸　找针　庄重　主张

3. 四音节

知法犯法　知无不言　振振有词　争先恐后　珠圆玉润
郑重其事　掌上明珠　招兵买马　咫尺天涯　知己知彼

（二）ch：舌尖后送气清塞擦音

舌头前部上举，抵住硬腭前端，同时软腭上升，关闭鼻腔通路；在形成阻塞

部位后积蓄气流，突然解除阻塞时，从肺部呼出一股较强的气流而成声。

1. 单音节

岔 扯 初 池 柴 抄 臭 绰 踹 垂 产 沉 昌

2. 双音节

穿插 橱窗 车窗 出产 沉重 长处

超产 长城 船厂 拆穿 初春 乘车

3. 四音节

承上启下 畅所欲言 长篇大论 成败利钝 陈词滥调

沉默寡言 触类旁通 成人之美 成竹在胸 长期共存

(三) sh：舌尖后清擦音

舌头前部上举，接近硬腭前端，形成适度的间隙，关闭鼻腔通路；使气流从间隙中摩擦通过而成声。

1. 单音节

傻 舌 树 诗 晒 勺 收 刷 硕 甩 税 山 神 赏

2. 双音节

审视 闪失 双手 神圣 沙石 赏识 绅士

手术 山水 少数 设施 上山 首饰 闪烁

3. 四音节

世外桃源 始终如一 身价百倍 事在人为 史无前例

始终不解 神采奕奕 深入人心 事半功倍 实事求是

(四) r：舌尖后浊擦音

舌头抵住上门齿背形成阻塞，在阻塞的部位后积蓄气流，同时软腭上升，关闭鼻腔通路；突然解除阻塞时，在原形成闭塞的部位之间保持适度的间隙，使气流从间隙透出而成声。

1. 单音节

软 荣 如 忍 让 日 柔 辱 入 然 若 苒 弱 儒

2. 双音节

融入 柔软 闰日 若然 仍然 荣辱 如若 荏苒

忍让　冉冉　濡染　柔韧　容忍　忍辱　荣任　软弱

3. 四音节

若无其事　燃眉之急　人定胜天　若有所思　如愿以偿

如箭在弦　如闻其声　仁至义尽　人云亦云　入情入理

二、绕口令练习

桑树和枣树

宿舍前边有三十三棵桑树，宿舍后边有四十四棵枣树，张小四分不清桑树和枣树，把三十三棵桑树说成枣树，把四十四棵枣树说成桑树。

三、作业

（一）发声训练。

（二）绕口令训练。

（三）小短文训练。

清塘荷韵（节选）

季羡林

真正的奇迹出现在第四年上。严冬一过，池塘里又溢满了春水。到了一般荷花长叶的时候，在去年漂浮着五六个叶片的地方，一夜之间，突然长出了一大片绿叶，而且看来荷花在严冬的冰下并没有停止行动，因为在离开原有五六个叶片的那块基地比较远的池塘中心，也长出了叶片。叶片扩张的速度，范围的扩大，都是惊人地快。几天之内，池塘内不小一部分，已经全为绿叶所覆盖。而且原来平卧在水面上的像是水浮莲一样的叶片，不知道是从哪里积蓄了力量，有一些竟然跃出了水面，长成了亭亭的荷叶。原来我心中还迟迟疑疑，怕池中长的是水浮莲，而不是真正的荷花。这样一来，我心中的疑云一扫而光：池塘中生长的真正是洪湖莲花的子孙了。我心中狂喜，这几年总算是没有白等。

第六节 z、c、s 的发声训练

z、c、s 是一组舌尖前音的练习，这一组音的发声阻碍在舌尖与上门齿背之间，因此称为“舌尖前音”。

一、语音训练

（一）z：舌尖前不送气清塞擦音

舌尖抵住上门齿背形成阻碍，在阻塞的部位后积蓄气流，同时软腭上升，关闭鼻腔通路；突然解除阻塞时，在原形成闭塞的部位之间保持适度的间隙，使气流从间隙透出而成声。

1. 单音节

匝 责 祖 自 再 贼 左 最 赞 怎 脏 增 纵 钻 尊

2. 双音节

自足 造作 组织 最早 宗族 走卒 祖宗 总则 自尊 藏族

3. 四音节

左右为难 自作自受 坐吃山空 再接再厉 责无旁贷

座无虚席 自告奋勇 罪魁祸首 自得其乐 孜孜不倦

（二）c：舌尖前送气清塞擦音

舌尖抵住上门齿背形成阻碍，在阻塞的部位后积蓄气流，同时软腭上升，关闭鼻腔通路；突然解除阻塞时，从肺部呼出一股较强的气流而成声。

1. 单音节

擦 厕 粗 此 才 曹 凑 搓 脆 蚕 岑 苍 层 聪

2. 双音节

苍翠 措辞 参差 从此 猜测

层次 粗糙 璀璨 仓促 草丛

3. 四音节

惨无人道　蚕食鲸吞　沧海桑田　草木皆兵　惨不忍睹

此起彼伏　才疏学浅　藏龙卧虎　侧目而视　藏头露尾

（三）s：舌尖前清擦音

舌尖接近上门齿背，形成间隙，同时软腭上升，关闭鼻腔通路；使气流从间隙中摩擦通过而成声。

1. 单音节

洒　色　诉　似　腮　臊　所　随　伞　森　丧　僧　颂　算　损

2. 双音节

三思　搜索　诉讼　四散　送死

思索　色素　洒扫　琐碎　松散

3. 四音节

俗不可耐　所向无敌　死去活来　四面楚歌　死里逃生

四通八达　司空见惯　丝丝入扣　随机应变　随声附和

二、绕口令练习

三哥三嫂子

三哥三嫂子，请借我三斗三升酸枣子，等我明年采了酸枣子，再还你四斗四升酸枣子。

三、作业

（一）发声训练。

（二）绕口令训练。

（三）小短文训练。

记念刘和珍君（节选）

鲁　迅

真的猛士，敢于直面惨淡的人生，敢于正视淋漓的鲜血。这是怎样的哀痛者和幸福者？然而造化又常常为庸人设计，以时间的流逝，来洗涤旧迹，仅使留下淡红的血色和微漠的悲哀。在这淡红的血色和微漠的悲哀中，又给人暂得偷生，维持着这似人非人的世界。我不知道这样的世界何时是一个尽头！

第五章　普通话韵母的训练

韵母是音节中后面的部分，它由韵头、韵腹、韵尾三部分组成。韵头通常由 i、u、ü 来担任；韵腹是韵母的主要角色，由 10 个单元音韵母担任；韵尾由 i、o、(u) 及鼻辅音 n、ng 担任。普通话里共有 39 个韵母，其中单元音韵母有 10 个，复韵母有 13 个，鼻韵母有 16 个。

第一节　单元音韵母的发声训练

单元音韵母有 10 个 :a、o、e、ê、i、u、ü、-i(舌尖前元音韵母)、i(舌尖后元音韵母)、er(卷舌韵母)。

元音是整个音节中开口部位最大的和声音最响亮的部分，元音由韵母的中部构成，是枣核状吐字的最圆部分。

一、语音训练

(一) a

舌面、央、低、不圆唇元音。发音时，舌头自然平放，舌尖接触下齿龈，口腔后半部分呈半打哈欠状态。

1. 单音节

啊　杀　擦　撒　妈　发　她　啦　噶

啥　叉　哪　喀　哈　扎　搭　吧　八

2. 双音节

爸爸　妈妈　发麻　大妈　喇叭　哈达

发达　拉萨　沙发　喇嘛　打靶　其他

3. 四音节

飒爽英姿　马不停蹄　茶余饭后　大有作为

大智若愚　煞有其事　八面玲珑　跋山涉水

(二) o

舌面、后、半高、圆唇元音。发音时，口腔半闭，舌头后缩，舌根抬起，舌面两边微卷，舌面中部凹陷。

1. 单音节

摸　噢　波　拨　莫　佛　颇　博　磨　婆

2. 双音节

伯伯　薄弱　破获　婆婆　默默

菠萝　萝卜　泼墨　薄膜　磨破

3. 四音节

博古通今　迫在眉睫　默默无闻　模棱两可　博学多才

破涕为笑　莫名其妙　莫逆之交　破釜沉舟　迫不及待

(三) e

舌面、后、半高、不圆唇元音。发音时，唇形不圆，口腔半闭，嘴角展开，舌尖稍微偏离下齿背，舌面平。

1. 单音节

乐　哥　课　喝　遮　车　奢　热　瑟　德　饿　测

2. 双音节

合格　客车　色泽　苛刻　特色

割舍　隔阂　瑟瑟　特赦　折合

3. 四音节

和盘托出　和颜悦色　何乐不为　得心应手　可歌可泣

刻骨铭心　歌舞升平　何去何从　责无旁贷　克己奉公

(四) ê

舌面、前、半低、不圆唇元音。发音时，口腔半开，舌尖接近下齿背，舌中部隆起，上下唇开度比 e 大。ê 在汉语语音里永远与 i、ü 结合使用，不单独构成韵母。

1. 单音节

皆　别　写　贴　学　觉　节　确　薛　且

2. 双音节

谢绝　确切　协约　解决　学业

节约　借阅　血液　确切　雀跃

3. 四音节

跃马扬鞭　皆大欢喜　绝处逢生　切肤之痛　邪不压正

确有其事　锲而不舍　血气方刚　戒骄戒躁　雪中送炭

（五）i

舌面、前、高、不圆唇元音。发音时，口腔开度较小，舌尖抵住下齿背，舌中部稍隆起，嘴角向两边展开。

1. 单音节

一　系　比　七　西　你　低　笔　鼻　皮　提　及　喜　气　以

2. 双音节

立即　秘密　机器　激励　霹雳　袭击

离奇　奇异　稀奇　笔记　地理　力气

3. 四音节

鸡犬不宁　低声下气　避难就易　比比皆是　疾言厉色

地大物博　一技之长　毕恭毕敬　疲于奔命　立竿见影

（六）u

舌面、后、高、圆唇元音。发音时，口腔开度小，舌尖离下齿背稍远，舌尖后缩，唇部向前微撮，呈圆形。

1. 单音节

部　促　出　度　服　古　苦　入　路

素　图　组　木　哭　书　苏　补　无

2. 双音节

粗鲁 辅助 图书 出路 读书

糊涂 出租 孤独 突出 互助

3. 四音节

不亦乐乎 不速之客 不在话下 不耻下问 不分皂白

不伦不类 不谋而合 出口成章 不共戴天 不动声色

（七）ü

舌面、前、高、圆唇元音。发音时，口腔开度很小，双唇聚拢。ü 与 i 的发音基本相同，区别是 i 不圆唇，而 ü 圆唇。

1. 单音节

居 拘 举 沮 迂 女 吕 虚 屈 菊 巨

据 剧 取 鞠 橘 桔 局 矩 句

2. 双音节

旅居 旅行 聚居 莴苣 居住 语句 区域

序曲 沮丧 聚集 女皇 履历 拒绝 豫剧

3. 四音节

取长补短 取之不尽 局促不安 据理力争 据为己有

聚精会神 举目无亲 举一反三 屈指可数 曲尽其妙

（八）-i（前）

舌尖、前、高、不圆唇元音。发音时，舌尖向前伸至接近上齿背时，唇形不圆。-i 不能单独做韵母，一般出现在 z、c、s 后面。

1. 单音节

资 词 思 紫 此 斯

2. 双音节

私自 四次 子嗣 次子 此次

3. 四音节

孜孜不倦 慈眉善目 丝丝入扣 自以为是 恣意妄为

词不达意 四平八稳 似是而非 死不瞑目 紫气东来

（九）-i(后)

舌尖、后、高、不圆唇元音。发音时，舌尖上翘至接近硬腭前部时，唇形不圆。-i 不能单独做韵母，一般出现在 zh、ch、sh 后面。

1. 单音节

只　吃　日　实　知　事

2. 双音节

支持　日食　食指　市尺　智齿

3. 四音节

实事求是　视而不见　赤子之心　执迷不悟　叱咤风云

痴人说梦　时不我待　指鹿为马　知书达理　耻居人下

（十）er

卷舌、央、中、不圆唇元音，又称为卷舌音。发音时，口腔自然打开，扁唇，舌头向硬腭中部上卷，声带振动。软腭上升，关闭鼻腔通路。

1. 单音节

而　儿　耳　二　尔

2. 双音节

而且　然而　二字　女儿　耳朵　木耳

而后　偶尔　二胡　第二　儿媳　儿童

3. 四音节

尔雅温文　尔虞我诈　接二连三　耳听八方　耳熟能详

而立之年　耳闻目睹　耳濡目染　出尔反尔　耳目一新

二、绕口令练习

二是二

二是二，十二是十二，二十是二十，小二子一口气数完二千二百二十二万二千二百二十二点二二。

三、作业

（一）发声训练。

（二）绕口令训练。

（三）小短文训练。

一日的春光（节选一）

冰 心

去年冬天是特别的冷，也显得特别的长。每天夜里，灯下独坐，听着扑窗怒号的朔风，小楼震动，觉得身上心里，都没有一丝暖气，一冬来，一切的快乐、活泼、力量、生命，似乎都冻得蜷伏在每一个细胞的深处。我无聊地安慰自己说："等着吧，冬天来了，春天还能很远吗？"

然而这狂风，大雪，冬天的行列，排得意外的长，似乎没有完尽的时候。有一天看见湖上冰软了，我的心顿然欢喜，说："春天来了！"当天夜里，北风又卷起漫天匝地的黄沙，愤怒地扑着我的窗户，把我心中的春意，又吹得四散。有一天看见柳梢嫩黄了，院里的桃花开了，可天刚刚过午，从东南的天边，顷刻布满了惨暗的黄云，跟着千枝风动，这刚放蕊的春英，又都埋罩在漠漠的黄尘里……

四月三十日的下午，有位朋友约我到挂甲屯吴家花园去看海棠，"且喜天气晴朗"——现在回想起来，那天是九十天来唯一的春天——海棠花又是我所深爱的，就欣然地答应了。

东坡恨海棠无香，我却以为若是香得不妙，宁可无香。我的院里栽了几棵丁香和珍珠梅，夏天还有玉簪，秋天还有菊花，栽后都很后悔。因为这些花香，都使我头疼，不能折来养在屋里。所以有香的花中，我只爱兰花、桂花、香豆花和玫瑰，无香的花中，海棠要算我最喜欢的了。

第二节　复韵母的发声训练

一、语音训练

复韵母分为二合前响复韵母和二合后响复韵母。

二合前响复韵母共有 4 个：ai、ei、ao、ou，它们均是由两个元音构成。其中，前元音是主要的，是韵腹，声音响亮；后一个是韵尾，声音较弱。

二合后响复韵母共有 5 个：ia、ie、ua、uo、üe，它们也是由两个元音组成，后面的元音是主要元音，比前面的元音发音响亮。

（一）ai

发音时，a 处于略前且高的位置，口腔开度略小。i 只是表示舌头移动的方向，实际发音到不了 i 的位置。

1. 单音节

摘　该　柴　在　还　白　拍　买　拆　开　来　塞　晒　菜

2. 双音节

买卖　灾害　海岱　彩排　白菜　晒台　拆台　爱戴

3. 四音节

开门见山　骇人听闻　拍手称快　爱莫能助　爱屋及乌

塞翁失马　哀鸿遍野　开诚布公　爱憎分明　海枯石烂

（二）ei

ei 当中的 e 是一个前、半高、不圆唇元音，舌位比 i 低一点，发音时，从 e 过渡到 i。

1. 单音节

背　没　陪　内　非　贼　黑　北　累　飞　被　美　梅　费　杯　胚

2. 双音节

肥美　妹妹　北美　贝类　北非　黑煤　配备　蓓蕾

3. 四音节

悲欢离合　雷霆万钧　杯弓蛇影　黑白分明　飞黄腾达

废寝忘食　费尽心机　美不胜收　飞沙走石　飞扬跋扈

(三) ao

发音时，a 受到后、高元音的影响，处于比较靠后的位置，舌位比较高，由于 o 是 u 的化身，所以发音归音到 u。

1. 单音节

闹　包　跑　毛　到　高　逃　老　靠　绕　奥　好　扫　曹　少

2. 双音节

早操　骚扰　报道　抛锚　报告　逃跑

高考　照抄　劳保　操劳　牢靠　好好

3. 四音节

草木皆兵　操之过急　劳而无功　老成持重　老生常谈

报仇雪恨　草草了事　少见多怪　老态龙钟　饱食终日

(四) ou

ou 里的 o 比单发时舌位高且靠后，唇形没有单发时圆，双唇略撮，舌尖接近下齿背，u 比单发时口腔开口大，唇形较扁。

1. 单音节

楼　斗　偶　走　搜　邹　肉　瘦　昼　后　狗　扣　头　剖　某

2. 双音节

走漏　漏斗　收购　守候　抖擞　欧洲　后头　豆蔻　丑陋　口头

3. 四音节

手舞足蹈　愁眉不展　血口喷人　心口如一　一筹莫展

踌躇不前　臭名昭著　手疾眼快　手忙脚乱　虚有其表

对比辨音练习，例如：

ai—ei　白—北　买—美　耐—内

ao—ou　凹—欧　涝—漏　少—手

（五）ia

发音时，a 由于受高元音 i 的影响，舌位稍高，口腔开度比单发时稍闭。同样地，i 也会受央、低元音 a 的影响，舌位稍降，口腔稍高。

1. 单音节

甲 下 霞 嗲 压 俩 家 恰 呀 夏 丫

2. 双音节

恰恰 下压 假牙 加价 下架

3. 四音节

狭路相逢 家喻户晓 下里巴人 驾轻就熟 恰如其分

恰到好处 虾兵蟹将 价值连城 价廉物美 嫁祸于人

（六）ie

ie 当中的 e 是一个前、半低、不圆唇元音，在拼音方案中记作 ê，一般可以用 e 来代替。发音时，前舌面略向硬腭上升，舌位半低，不圆唇。i 的发音较为短暂，ê 的发音较为响亮。

1. 单音节

跌 铁 列 且 也 写 贴 烈 窃 届 别 撇 灭 谢 借 瘪

2. 双音节

姐姐 节烈 贴切 谢谢 结业 铁鞋

3. 四音节

别开生面 借花献佛 夜长梦多 别出心裁 切齿痛恨

别具一格 借题发挥 解甲归田 喋喋不休 铁面无私

（七）ua

发音时，a 的口型比单发时稍圆，口腔稍开，u 的口腔稍开，舌位稍降。

1. 单音节

挎 瓜 话 抓 哇 画 刷 寡 花

2. 双音节

刷牙 耍滑 刮花 娃娃 瓜分 挂画

3. 四音节

寡见少闻　夸夸其谈　抓耳挠腮　瓜田李下　哗众取宠

华而不实　八面玲珑　花好月圆　画饼充饥　画龙点睛

（八）uo

发音时，uo 当中的 o 比单发时口腔稍闭，唇形稍圆。uo 中的 u 比单发时的唇形略大，但发得轻而短。

1. 单音节

我　扩　缩　错　做　托　若　说　戳　桌　或

2. 双音节

火锅　哆嗦　错误　懦弱　阔绰　硕果　蹉跎　骆驼

3. 四音节

如获至宝　落井下石　脱颖而出　如火如荼　落落大方

脱口而出　过河拆桥　过目成诵　落花流水　络绎不绝

（九）üe

üe 中的 e 与 ie 中的 e 属于同一元音，在拼音方案中记作 ê。发音时，注意 ü 要撮口，打开口腔。

1. 单音节

觉　却　略　虐　薛　学　月　绝　越　掠

2. 双音节

掠夺　月租　约束　悦耳　血液　学界　决策　月缺

3. 四音节

雪中送炭　学以致用　却之不恭　绝处逢生　略胜一筹

雪上加霜　血口喷人　略见一斑　越俎代庖　绝无仅有

二、绕口令练习

黑猫黑狗毛黑

黑猫黑狗毛黑，白猫白狗毛白。黑猫没有黑狗毛黑，白猫没有白狗毛白。黑猫黑狗毛比白猫白狗毛黑，白猫白狗毛比黑猫黑狗毛白。

雷奶奶有四个袋子

雷奶奶有四个袋子，装了四袋麦子。雷奶奶想晒麦子，可是抬不动袋子。邻居裴家的四个孩子，帮雷奶奶抬袋子、晒麦子。 雷奶奶夸他们是好孩子。

滔滔有串葡萄

滔滔有串葡萄，毛毛有包核桃。滔滔爱吃毛毛的核桃，毛毛爱吃涛涛的葡萄。滔滔拿葡萄换核桃，毛毛拿核桃换葡萄。

三、作业

（一）发声训练。

（二）绕口令训练。

（三）小短文训练。

一日的春光(节选二)

冰　心

海棠是浅浅的红，红得“乐而不淫”，淡淡的白，白得“哀而不伤”，又有满树的绿叶掩映着，像一个天真、健美、欢悦的少女，同是造物者最得意的作品。

斜阳里，我正对着那几树繁花坐下。

春在眼前了！

这四棵海棠在怀馨堂前，北边的那两棵较大，高出堂檐五六尺。花后是响晴蔚蓝的天，淡淡的半圆的月，遥俯树梢。这四棵树上，有千千万万玲珑娇艳的花朵，乱哄哄地在繁枝上挤着开……

看见过幼稚园放学没有？从小小的门里，挤着跳出的涌出的一大群的快乐、活泼、力量和生命，这一大群孩子分散在极大的周围，在生的季候里定格为永远的春天！

那在海棠枝上卖力的春，使我当时有同样的感觉。

一春来对于春的憎嫌，这时都消失了，喜悦地仰首，眼前是烂漫的春，骄奢的春，光艳的春，——似乎春在九十日来无数的徘徊瞻顾，只为的是今日在此树枝头，快意恣情地一放！

……

虽然九十天中，只有一日的春光，而对于春天，似乎已得了酬报，不再怨恨憎嫌了。只是满意之余，还觉得有些遗憾，如同小孩子打架后相寻，大家忍不住回嗔作喜，却又不肯即时言归于好，只背着脸，低着头，噘着嘴说："早知道你又来哄我找我，当初又何必把我冰在那里呢？"

第三节　三合中响复韵母

三合中响复韵母共有 4 个：iao、iou、uai、uei，它们中间的元音为韵腹，是主要元音，前后元音为韵头和韵尾，是次要元音，起到起音和归音的作用。iou、uei 两个韵母前面有声母时，写作 iu、ui，中间的元音 o、e 省略。

一、语音训练

（一）iao

发音时，在 ao 的基础上增加了 i 的发音动程，i 的舌位比单元音 i 的舌位高，与上颚更加接近。a 的发音响亮，最后趋向于 o(u) 的位置。

1. 单音节

笑　表　瓢　秒　条　调　小　教　桥　妙　跳　敲　叫　飙　苗

2. 双音节

缥缈　萧条　逍遥　小鸟　教条　脚镣

娇小　吊桥　疗效　叫嚣　巧妙　苗条

3. 四音节

调虎离山　焦头烂额　雕虫小技　调兵遣将　表里如一

摇摇欲坠　咬文嚼字　交头接耳　脚踏实地　标新立异

(二) iou

发音时，舌位由 i 向后向低过渡，发 o 音时后舌面向软腭升起，唇形圆，最后趋向于韵尾 u 的位置。汉语拼音写作 iu，但发音时不能省略 o。

1. 单音节

修 就 丢 旧 友 牛 谬 六 秀

有 球 酒 刘 妞 绣 秋 裘 柳

2. 双音节

妞妞 求救 优秀 绣球 牛油 悠久 舅舅

3. 四音节

有口皆碑 流连忘返 咎由自取 流言蜚语 救死扶伤

休戚与共 流芳百世 求同存异 袖手旁观 丢卒保车

(三) uai

发音时，在 ai 的基础上增加了辅元音 u 的发音动程，由于受到圆唇 u 的影响，ai 里的 a 唇形稍圆。

1. 单音节

怪 坏 帅 乖 歪 甩 拐 踝 快 拽 踹 筷 外

2. 双音节

乖乖 甩卖 外快 怀揣 摔坏 衰败 外踝

3. 四音节

率由旧章 率土之滨 怀才不遇 外强中干 拐弯抹角

快马加鞭 歪风邪气 怀璧其罪 脍炙人口 率尔成章

(四) uei

发音时，在 ei 的基础上增加了辅元音 u 的发音动程，舌位从后先降后升，前舌面向硬腭上升，不圆唇，韵尾 i 表示元音活动的方向。汉语拼音写作 ui，e 发音不突出。

1. 单音节

亏 贵 推 追 吹 回 水 催 嘴 位 虽 退

2. 双音节

水位　回味　摧毁　溃退　翠微　醉鬼　回归

3. 四音节

水乳交融　对答如流　推陈出新　归心似箭　岿然不动

瑞雪丰年　灰心丧气　回味无穷　窥间伺隙　微乎其微

二、绕口令练习

嘴说腿

嘴说腿，腿说嘴，嘴说腿爱跑腿，腿说嘴爱卖嘴。光动嘴不动腿，光动腿不动嘴，不如不长腿和嘴。

六十六岁刘老六

六十六岁刘老六，修了六十六座走马楼，楼上摆了六十六瓶苏合油，门前栽了六十六棵垂杨柳，柳上拴了六十六个大马猴。忽然一阵狂风起，吹倒了六十六座走马楼，打翻了六十六瓶苏合油，压倒了六十六棵垂杨柳，吓跑了六十六个大马猴，气死了六十六岁刘老六。

三、作业

（一）发声训练。

（二）绕口令训练。

（三）小短文训练。

秋（节选）

徐志摩

两年前，在北京，有一次，也是这么一个秋风生动的日子，我把一个人的感想比作落叶，从生命那树上掉下来的叶子。落叶，不错，是衰败和凋零的象征，它的情调几乎是悲哀的。但是那些在半空里飘摇，在街道上颠倒的小树叶儿，也未尝没有它们的妩媚，它们的颜色，它们的意味，在少数有心人看来，它们在这宇宙间并不是完全没有地位的。“多谢你们的摧残，使我们得到解放，得到自由。”它们仿佛对无情的秋风说:“劳驾你们了，把我们踹成粉，踩成泥，使我们得到解脱，实现消灭。”它们又仿佛对不经心的人们这么说。因为看着，在春风回来的那一天，这叫卑微的生命的种子又会从冰封的泥土里翻成一个新鲜的世界。它们的力量，虽则是看不见，可是不容疑惑的。

第四节　前鼻音韵母的训练

前鼻音韵母有 8 个 :an、en、ian、in、uan、uen、üan、ün。

一、语音训练

(一) an

发音时，an 中的 a 由于受到前鼻韵尾 n 的影响，a 的舌位处于较前的位置，a 为前、低、不圆唇元音。n 的归音部位比它充当声母时的除阻部位稍后。

1. 单音节

咱　但　看　站　三　山　蓝　甘　反　半　慢　安　汗　然　产　餐

2. 双音节

漫谈　淡蓝　感染　汗衫　展览　散漫　反叛

3. 四音节

昙花一现　闪闪发光　汗马功劳　暗送秋波　寒泉之思

半路出家　半信半疑　暗箭伤人　安居乐业　按兵不动

(二) en

发音时，e 的舌位比单发时靠前，舌头处于静止的位置，紧接着，舌位升高，舌尖顶住上齿龈，软腭下垂，气流从鼻腔流出，归音到鼻辅音 n 上。

1. 单音节

跟　肯　很　阵　恩　本　喷　门　分　真　份　趁　神　人　怎

2. 双音节

愤恨 人参 振奋 分神 深沉 认真 根本

3. 四音节

纷至沓来 奋不顾身 根深叶茂 门庭若市 分道扬镳

分秒必争 分门别类 亘古通今 门户之见 分工合作

（三）ian

发音时，an 韵前加了一个 i 作为韵头，a 处于比较前和比较高的位置。在实际运用中，动程要宽，活动范围稍大，要把字腹发得更加饱满。

1. 单音节

眼 言 前 片 变 点 天 面

年 连 见 先 边 间 田 线

2. 双音节

鲜艳 牵连 简便 偏见 年限 减免 电线

3. 四音节

见利忘义 年富力强 颠沛流离 点石成金 浅尝辄止

坚持不懈 先礼后兵 箭在弦上 天涯海角 黔驴技穷

（四）in

发音时，舌尖抵住下齿背发出 i 音，舌尖上举顶住上齿龈，同时软腭下降，气流从鼻腔流出。

1. 单音节

进 金 勤 音 引 印 斌 彬 品

拼 民 敏 您 琳 邻 亲 新 心

2. 双音节

殷勤 贫民 亲近 拼音 尽心

金银 亲信 民心 信心 濒临

3. 四音节

心心相印 民脂民膏 隐姓埋名 民富国强 引人注目

宾至如归 心猿意马 饮水思源 彬彬有礼 引人入胜

（五）uan

发音时，由于an韵前加了一个u作为韵头，所以，a的舌位比单发时靠前，a为前、低、不圆唇元音，u的口型比单发时稍圆。

1. 单音节

玩　晚　完　段　短　传　窜　管

关　团　换　船　攒　环　蒜　赚

2. 双音节

转弯　婉转　专款　贯穿　软缎　乱窜　专断

3. 四音节

缓兵之计　关门大吉　欢天喜地　欢欣鼓舞　蛮横无理

穿云裂石　满腹经纶　川流不息　完璧归赵　宽大为怀

（六）uen

发音时，先发u，舌头抬高至接近软腭时，圆唇，u发得轻而短；紧接着，舌尖前伸抵住上齿龈，软腭下降，气流从鼻腔流出。

1. 单音节

问　文　吨　顿　吞　臀　论　轮　困　坤　混

昏　春　纯　顺　瞬　润　闰　村　寸　孙　笋

2. 双音节

温顺　昆仑　论文　春笋　混沌　滚滚

3. 四音节

闻过则喜　囤积居奇　浑然一体　论长论短　魂飞魄散

论古谈今　昆山片玉　顺理成章　顺藤摸瓜　茅塞顿开

（七）üan

发音时，由于an韵前加了一个轻而短的ü作为韵头，所以，a的舌位比单发时偏高，ü的舌位较高且靠前，唇形较圆。

1. 单音节

悬　炫　泉　媛　员　全　卷　选　圈

犬　院　倦　愿　轩　劝　元　捐　权

2. 双音节

捐献　圆圈　全权　源泉　渲染　宣传

3. 四音节

悬梁刺股　悬灯结彩　旋乾转坤　喧宾夺主　冤家路窄

鸢飞鱼跃　捐躯殉国　全力以赴　远走高飞　卷土重来

（八）ün

发音时，先发 ü，唇形没有单发时圆，舌面接近硬腭；紧接着，舌头前伸抵住上齿龈，软腭下垂，气流从鼻腔流出。

1. 单音节

君　裙　晕　云　孕　熏　运　均　军

群　寻　训　逊　允　勋　骏　询　韵

2. 双音节

询问　军队　军训　均匀　云云　云雀　功勋

3. 四音节

君子之交　群龙无首　群魔乱舞　循循善诱　云中白鹤

芸芸众生　晕头转向　循序渐进　君臣佐使　寻根究底

二、绕口令练习

半边莲

半边莲，莲半边，半边莲长在山涧边。半边天路过山涧边，发现这片半边莲。

扁担长，板凳宽

扁担长，板凳宽，扁担没有板凳宽，板凳没有扁担长。扁担绑在板凳上，板凳不让扁担绑在板凳上。

炖冻豆腐

你来炖我的炖冻豆腐，你不会炖我的炖冻豆腐，别胡炖乱炖，炖坏了我的炖冻豆腐，你赔我的炖冻豆腐。

三、作业

（一）发声训练。

（二）绕口令训练。

（三）小短文训练。

背影（节选）

朱自清

我说道："爸爸，你走吧。"他往车外看了看说："我买几个橘子去。你就在此地，不要走动。"我看那边月台的栅栏外有几个卖东西的等着顾客。走到那边月台，须穿过铁道，须跳下去又爬上去。父亲是一个胖子，走过去自然要费事些。我本来要去的，他不肯，只好让他去。我看见他戴着黑布小帽，穿着黑布大马褂，深青布棉袍，蹒跚地走到铁道边，慢慢探身下去，尚不大难。可是他穿过铁道，要爬上那边月台，就不容易了。他用两手攀着上面，两脚再向上缩；他肥胖的身子向左微倾，显出努力的样子。这时我看见他的背影，我的泪很快地流下来了。我赶紧拭干了泪。怕他看见，也怕别人看见。

第五节　后鼻音韵母的训练

后鼻音韵母有 8 个 :ang、eng、ong、iang、ing、uang、ueng、iong。

一、语音训练

（一）ang

发音时，ang 中的 a 受后鼻韵尾 ng 的影响，a 处于比较靠前的位置，a 为后、低、不圆唇元音。

1. 单音节

唱　桑　嗓　昂　帮　棒　胖　旁　囊　忙

郎　长　上　商　淌　唐　狼　盲　放　刚

2. 双音节

螳螂　帮忙　长廊　上当　想象　商场

张扬　尝尝　商量　上梁　当场　苍茫

3. 四音节

长歌当哭　长吁短叹　榜上有名　当仁不让　张冠李戴

刚毅木讷　将功补过　匠心独运　慷慨激昂　张口结舌

（二）eng

发音时，e 的舌位比单发时偏靠前且较低，然后舌根后缩与软腭接触，此时软腭下垂，气流从鼻腔流出。

1. 单音节

呈　城　声　彭　梦　等　灯　能　蹦　泵　碰

猛　疯　封　省　冷　楞　更　耕　升　横　仍

2. 双音节

升腾　省城　等等　盛行　鹏程

蹦腾　增生　奉承　坑蒙　冷哼

3. 四音节

瞠目结舌　乘风破浪　登峰造极　风驰电掣　能歌善舞

风光旖旎　绠短汲深　更阑人静　横枪跃马　冷若冰霜

（三）ong

ong 发音时，o 的发音与单韵母 o 不同，它的口腔开度比 u 稍大，口腔通路封闭，发鼻音。

1. 单音节

葱　送　宋　同　通　痛　共　孔　恐　冲　重　红

工　公　空　宏　洪　从　聪　颂　诵　东　懂　动

2. 双音节

动工　红铜　洪亮　送终　恐龙　空洞　公共

通用　同盟　瞳孔　匆匆　冲动　工棚　葱茏

3. 四音节

充耳不闻　重蹈覆辙　崇山峻岭　公报私仇　公正无私

轰轰烈烈　红装素裹　鸿鹄之志　同仇敌忾　同工异曲

（四）iang

发音时，由于在 ang 韵的前面加了一个短而轻的 i 作为韵头，所以发音时 iang 韵的动程较宽。

1. 单音节

样　杨　奖　讲　娘　酿　将

强　墙　向　像　想　阳

2. 双音节

强项　枪响　想象　像样　将相

奖项　娘娘　亮相　踉跄　两项

3. 四音节

江郎才尽　将功补过　匠心独运　强弩之末　良辰美景

良禽择木　相安无事　相得益彰　墙头马上　强词夺理

（五）ing

发音时，舌面接近硬腭先发出 i，然后舌头后缩，舌根与软腭接触，口腔关闭，气流从鼻腔流出。

1. 单音节

并　冰　病　影　应　英　名　明　平　凭　停　听

令　另　灵　宁　凝　咛　景　静　京　形　行　兵

2. 双音节

青年　明星　叮咛　英明　倾听　明镜　聆听

病变　京津　星空　静音　精英　宁静　性情

3. 四音节

精打细算　大庭广众　情至意尽　明争暗斗　冰清玉洁

名不虚传　顶天立地　铤而走险　鼎鼎大名　平分秋色

（六）uang

发音时，由于在 ang 韵前加了一个短而轻的 u 作为韵头，所以 uang 的韵母动程较宽，受到 u 的影响，a 的唇形较圆。

1. 单音节

网　望　王　光　广　逛　筐　狂　矿　黄

床　创　窗　状　撞　装　双　爽　霜　孀

2. 双音节

彷徨　荒唐　惶恐　状况　装窗　网状

矿藏　广场　双簧　狂妄　霜降　床帐

3. 四音节

荒无人烟　黄道吉日　黄粱美梦　恍然大悟　窗明几净

创家立业　装聋作哑　壮志凌云　双喜临门　爽心悦目

（七）ueng

发音时，由于在 eng 韵前加了一个短而轻的 u 作为韵头，所以，先发 u，然后发 eng。在普通话中，ueng 只能在零声母音节中出现，它不能与任何辅音声母相结合，因此它与 ong 是互补的。

1. 单音节

翁　嗡　瓮

2. 双音节

老翁　渔翁　嗡嗡

3. 四音节

瓮声瓮气　瓮中捉鳖

（八）iong

发音时，由于 i 受到圆唇 o 的影响，唇形较扁圆，接近于 ü。

1. 单音节

勇　用　永　涌　熊　胸　凶　穷　琼　穹　兄　拥

2. 双音节

汹涌　永远　穷尽　拥护　琼浆　勇敢　涌动

3. 四音节

穷家富路　穷山恶水　琼浆玉液　凶多吉少　凶神恶煞

胸无点墨　雄才大略　勇而无谋　勇往直前　用兵如神

二、对比辨音练习

an—ang　南方　反抗　繁忙

en—eng　本能　神圣　人证

in—ing　聘请　新兴　心灵

ian—iang　边疆　联想　勉强

uan—uang　观光　宽敞　钻床

uen—ueng　温—翁　问—瓮

ün—iong　运用　军用　群雄

三、绕口令练习

洞庭湖上一根藤

洞庭湖上一根藤，青青藤条挂金铃，风吹藤动金铃响，风停藤静铃不鸣。

姓陈不能说成姓程

姓陈不能说成姓程，姓程不能说成姓陈。禾木是程，耳东是陈。如果陈程不分，就会认错人。

四、作业

（一）发声训练。

（二）绕口令训练。

第六章　口语表达过程中的思维训练

口语表达与思维有着密切的关系。语言既是思维的重要工具，又是思维的外化产物。口语表达的过程，实际上就是把思维的结果表述出来的过程。思维的方式与品质，直接影响口语表达的质量。所以，口语训练离不开思维训练。

在信息的传播过程（见图6-1）中，人的思维活动分为前期思维活动与后期思维活动。前期思维活动负责对知识的摄取和对事物的认知，后期思维活动负责将前期思维活动的内容和结果迅速外传。教师口语课中的思维训练侧重后期思维活动，而在信息储备阶段的前期思维活动应由其他学科共同承担。在人的口语表达过程中，后期思维活动的具体表现包括如何立意构思、选择何种词句、使用何种组合方式等。

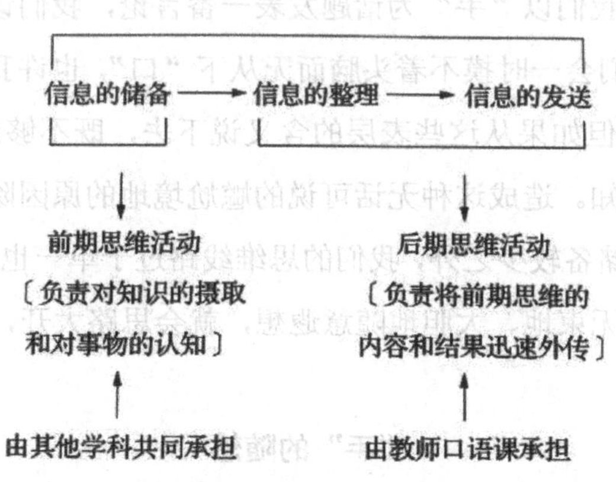

图6–1　信息的传播过程

第一节　思维方式的训练

一、发散思维与集中思维

（一）发散思维

发散思维又称扩散思维、辐射思维，是指主体针对某一思维对象，充分发挥想象力，突破固有思维模式，从不同角度、不同层次和不同关系去思考问题，寻找多种途径和方法解决问题的一种思维方式。

发散思维具有流畅性、变通性、独创性三个特点。流畅性是指心智活动多顺畅、少梗阻，能在较短时间内表达出较多观念，反应迅速灵敏。变通性是指思考变化多端，能举一反三，触类旁通，不受思维定式的束缚，能提出不同凡响的新构思，使灵感迸发。独创性是指所思所想与众不同，超乎寻常。

训练发散思维可以使人思想活跃、思维敏捷、思路开阔，在思考过程中立意新颖，能提出一些别出心裁、出乎意料的新见解。

比如，如果让我们以“手”为话题发表一番言论，我们该如何进行呢？面对这一问题，也许我们会一时摸不着头脑而无从下“口”，也许我们只是想到了“干活儿”“拿东西”。但如果从这些表层的含义说下去，既不够新颖，也不够深入，话语的质量可想而知。造成这种无话可说的尴尬境地的原因除了我们的知识面过窄，即前期思维的储备较少之外，我们的思维线路过于单一也是一个重要的因素。其实，当我们无拘无束地、大胆地随意遐想，就会思路大开，豁然开朗。

示例：

“手”的随想

随想 1：手最基本的动作是弯曲和伸展指头，这样简单的动作却让我们领悟到一种人生谋略。处于逆境时，根据实际情况，我们不妨退一步，让危机形势缓和一下，待时机成熟了，便可以大步前进。勾践败兵之后，卧薪尝胆，忍辱负重，终有雪耻之日。适时进退，能屈能伸，非大丈夫不能为也。

随想 2：手的五根指头长短不一，可从没有人想过要把它们削成一般齐。这是什么道理呢？天既与之，必有其用。正如五个指头虽长短不同却各具作用一样，每个人虽有学识、见识、素质等诸方面的差异，但也同样是各有所长，在社会上也都能找到最适合自己的位置，大有作为。即使眼下身处困境，尚未得到大展拳脚的机会，也应当坚定地相信：天生我材必有用。

随想3：手好比一个集体，当五个指头攥成一个拳头时，便可击倒强大的对手。一个班级、一个学校、一个单位乃至一个国家，无不事同此理。全班同学共同努力，会使这个班级充满活力；全国人民万众一心，定能将我们祖国建设成为富强之邦。五个指头握成拳头，印证了一句至理名言——团结就是力量。

（引自刘伯奎《教师口语训练教程》）

上面的实例中，关于手的“遐想”可谓多之又多，妙之又妙。有的从“弯曲和伸展”的功能想到了“能屈能伸”的人生谋略；有的从“长短不一”的天生形态想到了“天生我材必有用”的人生信条；还有的从“攥手成拳”的动作中想到了团结和力量。其实对于手的遐想远不止这些，我们可能还会想到比上述实例中更有创意的话题。

（二）集中思维

集中思维又称统摄思维、聚敛思维，是将许多新信息围绕某个中心进行选择、归纳和重组的思维方式，具有同一性、程序性、比较性的特点。同一性是指它是一种求同性思维；程序性是指思维往往按一定程序进行；比较性则是指在现有的多种选项中，需要通过比较寻求一个较为合适的途径或方案。

发散思维与集中思维是辩证统一的，并且经常是相互配合使用的。前者为后者的优化选择提供了可靠的、广泛的依据，后者又能使前者所得的成果提高、升华，所以发散思维和集中思维可同时训练。

比如，关于“牛”，我们可以生发许多联想。

1. 牛踏实苦干，任劳任怨。

2. 牛奶、牛肉富有营养。

3. 牛吃的是草，挤出的是奶。

4. 牛吃草之后会反刍，这就好比我们的学习，要经常“咀嚼”，经常复习，才会消化吸收。

5. 牛活着出力，死后捐躯——牛肉、牛皮、牛黄、牛毛、牛粪都有用，真可谓鞠躬尽瘁，死而后已。

6. 牛奶供应紧张，养牛业前景看好。

7. 牛总是让人牵着鼻子走，缺乏自主意识和主动精神。

8. 牛一旦发起脾气，很难制服。

以上就是发散思维方式所产生的结果。另外，我们还可以针对以上材料进行集中思维，通过提炼，总结出下面这段话。

牛的体格健壮，力气很大，我国有些农村还把它当作主要劳动力使用；牛奶、牛肉可以食用，味道美、营养好；牛骨可以制骨胶；牛皮是皮件的好材料；牛角可做雕刻品，甚至可以当号角；牛黄是珍贵的药材；在有些农村，牛粪还能当燃料。——养牛的好处实在多。

（引自国家教育委员会师范教育司《教师口语》）

在口语表达过程中，充分运用发散思维和集中思维并把它们辩证统一起来至关重要。发散思维使人思路开阔、滔滔不绝，集中思维使话语中心明确、主旨凸显。二者结合，将使口语表达既紧扣主题又汪洋恣肆，既层次分明又妙趣横生。

二、正向思维与逆向思维

正向思维是指常规的思维方式。逆向思维是指与常规思维反向的一种思维方式，是从对立的角度对似乎已成定论的现象或观点进行思考和探索，从而提出新见解，树立新思想。

正向思维是惯性的、常识性的思维方向，而逆向思维则恰恰相反，是对传统、惯例和常识的反叛，是对常规的挑战。因此，逆向思维具有批判性和新颖性的特点。逆向思维能克服思维定式，突破成见，得出令人耳目一新的结论。

我国古代文学家韩愈用“唯陈言之务去”提醒人们作文说话要避免陈词滥调，而逆向思维就是使表达出新出奇的有效方法。当人们大都朝着一个固定的思维方向思考问题、发表议论时，有人却“反其道而思之”，独自朝相反的方向思索并提出一种与众不同的看法，会使他人另眼相看。

示例：

下面是一位教师对于“东施效颦”的看法。

“东施效颦”的故事妇孺皆知。人们大多以为东施的行为可笑，更有甚者竟给东施冠以“傻女子”的称号。我觉得，这样对待东施有些不公。

有句话叫“生活中不是没有美，而是缺少发现美的眼睛”。而东施能够“效颦”，至少可以表明东施已具有一双审美的慧眼，这比那些不知美是何物的人要强一些吧。

我想，人们之所以嗤笑东施，无非是因为她原本并不漂亮。但长相漂不漂亮，既不能由她自己决定，也不该成为否定她爱美之心的理由。恐怕没有人会否认，东施的行为是对美的崇拜和追求，而对美的追求是无可厚非的，“爱美之心人皆有之”嘛。

东施的行为不过是仿效而已。话又说回来，仿效又有什么不好？华佗“仿效”禽兽的动作而创造世界上最早的体操——五禽戏，建筑师“仿效”鸟兽筑巢而建成华美的楼阁，科学家“仿效”蜻蜓的飞行而制成能在天空翱翔的飞机……对于这些仿效，我们都给予了称赞，为什么偏偏嗤笑东施呢？

依我看，东施效颦效得大胆，效得勇敢，仅就这一点而言，我们不但不应嘲笑，反而应向她学习。

“东施效颦”的故事人们都很熟悉。从古至今，从成语词典中的解释到人们的传统认识，大多不认可东施“效颦”的行为，认为胡乱地模仿只会适得其反，这是正向思维的“定式”。而示例中的教师一反常态，从与大众相反的视角发现了东施的优点，认为东施效颦是对美的大胆追求。这种立论新颖别致，并且做到了有理有据、自圆其说，是一个非常典型的“逆向思维”实例。

三、作业

（一）发散思维与集中思维训练

1. 用途随想

按常规思维，红砖是一种建筑材料，它可以用来砌墙、铺地、铺路等。其实，红砖还有很多用途，比如，可以用作锤子、压纸、代替直尺画线、用它刹住停在斜坡上的车辆、用它压住盖在谷堆上的塑料薄膜……请展开联想，快速说出下列物品的用途，说得越多越好。

（1）挂历；（2）棉被；（3）气球；（4）铅笔；（5）电池；（6）腰带。

2. 名称列举

(1) 请尽可能多地说出动物的名称。

(2) 请尽可能多地说出植物的名称。

(3) 请尽可能多地说出交通工具的名称。

(4) 请尽可能多地说出体育项目的名称。

(5) 请尽可能多地说出办公用品的名称。

(6) 请尽可能多地说出建筑物的名称。

3. 原因猜测

(1) 电视机不工作了，原因有哪些？

(2) 自行车出了故障，原因有哪些？

(3) 火车晚点，原因有哪些？

4. 方法设想

(1) 上下班时交通拥堵，有哪些办法可以改变这种状况呢？

(2) 要调动学生学习的积极性，有哪些方式可以运用？

(3) 学校餐厅打饭拥挤，用什么方法可以解决？

5. 驾词神游

尽情发挥你的想象力，由下列每一个名词展开联想，然后用一段完整的话表述出来。每一个名词至少联想到五点。

（1）大门；（2）书；（3）鸽子；（4）音乐；（5）路；（6）月亮。

（二）正向思维与逆向思维训练

1. 成语新解

在该项训练中，要力图针对成语或俗语中的传统释义做出逆向论证；训练时要注意把握思想倾向，使立论更为深刻、更有意义，防止歪曲原意或浅层琐絮甚至消极情绪。

（1）见异思迁；（2）见风使舵；（3）杞人忧天；（4）班门弄斧；（5）没有规矩，不成方圆；（6）狐假虎威；（7）叶公好龙；（8）近朱者赤，近墨者黑。

2. 说说辩

学生分为正方、反方，双方分别按正向思维与逆向思维方式做 3 分钟阐述，然后展开辩论。

(1) 愚公移山值得称赞—愚公移山需要质疑

(2) 知足者常乐—知足者未必常乐（或不知足者常乐）

(3) 酒好不怕巷子深—酒好也怕巷子深

3. 一物两性

仿照下例，对同一事物从正反两个方面说出对立的观点。

天平：正——公正无私的楷模。

反——谁多给一点就偏向谁。

漏斗：正——流过的油水成千上万，从不为自己截留一点一滴。

反——张着贪婪的大口，总也没有满足的时候。

(1) 直尺：正——因为本身正直，才敢去度量别人。

反——

(2) 汽笛：正——用高亢的嗓音，时刻提醒人们保持清醒的头脑。

反——

(3) 月亮：正——在人们最需要的时候，给大地带来光明。

反——

(4) 石榴：正——敢于袒露自己的内心世界，是成熟的标志。

反——

(5) 铁钉：正——把别人的打击，化作自己前进的动力。

反——

(6) 爆竹：正——

反——本想一鸣惊人，反倒粉身碎骨。

(7) 流星：正——

反——偏离了正确的轨道，必然坠入黑暗的深渊。

(8) 竹笋：正——

反——削尖了脑袋往上钻。

(9) 秤砣：正——

反——一生都在称量别人，却从不知道自重。

(10) 灯蛾：正——

反——总想把火扑灭，真是不自量力。

(11) 春蚕：正——

反——

(12) 镜子：正——

反——

(13) 仙人掌：正——

反——

(14) 暗礁：正——

反——

(15) 气球：正——

反——

第二节　思维品质的训练

高质量的口语表达能力，需要有较好的思维品质作保障。要使信息的整理与发送工作完成得迅速而有效，人的后期思维活动必须具备条理性、敏捷性和新异性。

一、思维活动的条理性

思维活动的条理性是指思维活动的逻辑顺序，这是我们获得良好口语表达能力的基本条件。思维活动的条理性要求说话者对杂乱的信息散点进行梳理和排序，使表达有先后、有主次、有层次，这样表达出来的内容才能更便捷地被听众接收和牢记。

示例：下面是一位学生的即兴发言。

在当今这个竞争激烈的环境下，我们这类专科院校，正经受着前所未有的考验。作为母校的学生，我有三点不成熟的建议。

第一，我们必须面向社会，瞄准市场，增开社会急需的新专业。学这样的专业好就业，好就业人们就抢着学。

第二，在此基础上，努力办出其他院校所不具备的特色专业。这就好比是开饭店，一个没有太多资产又没有上好位置的中低档餐馆，如果没有几个特色菜肴在那儿压桌，不会引来太多的客人。

第三，为提高教学质量与知名度，要不惜重金聘请知名专家教授到这里执教。有例为证：坐落在市郊的某个乡镇医院，由于无法与三甲医院抗衡，早已半死不活。前不久，院里从北京某个著名医院请来了专家应诊，广告一打出去，嗬！我跟我爸爸去的时候都排不上队……

语无伦次的表达不会有好的效果。上述实例非常显著的优点便是层次分明，条理清晰。发言的学生首先开门见山地告诉大家自己的建议共有三点，让听众对自己的内容框架有一个总体印象，然后再按一、二、三的顺序分别说来。首先要增开新专业，但只投其所好地上一些应景专业还不够，于是又进一步阐明最好要有特色。有了新、特专业之后还必须有教学质量作保障，于是又为提高教学质量支了一着——聘请名师执教。整段发言层层推进，有条有理。在分述每一个要点时也是先亮观点后讲理由，思路清晰，符合逻辑。这样的表达，听众听起来是很省力的。

后期思维活动的条理性主要体现在三个方面：一是词与词之间的串联符合语法规则，二是句与句之间的衔接符合逻辑规律，三是整段话语有着清晰的顺序和层次。

二、思维活动的敏捷性

思维活动的敏捷性是指思维活动的速度。它要求说话者具有快捷的反应能力，这样才能在没有准备的情况下瞬间完成对信息散点的线性组合。如果反应迟钝、选词犹疑，必将语词梗阻，影响信息的顺利传送。

在口语表达活动中，后期思维活动的敏捷性主要体现在根据说话目的快速构思立意、快速选词组句和快速连句成篇。

三、思维活动的新异性

思维活动的新异性指的是思维活动的创新性，它体现了思维活动的质量。从信息传播的意义而言，陈旧的信息没有太多价值，听众最需要新的信息。从信息传播的效果来讲，新异刺激能引起人的注意。所以，好的口语表达应该有着与众不同的见解和独特的表达方式。

示例：

各位好！

过年的时候，见面都说吉利话，全都带个“马”字，今天要说的这件事正好全能用上。首先是“马到成功”。春节假期还没完，就从美国盐湖城传来喜讯——速滑运动员杨扬为中国队赢得了冬奥会上第一块金牌，实现了我们在冬奥会上零的突破。其次，就是“一马当先”。在上周日北京举行的国际公路接力赛上，中国队获得女子组冠军。马年刚到，体育界就有接二连三的好成绩，中国体育今年热度依然不会减。

节后还有人“马不停蹄”。从前说“不过十五不出门”，而今年民工初四、初五就往回赶。北京因为正在筹办2008年的奥运会，自然就少不了“招兵买马”，外来打工人员恐怕不愁找不到工作。

节后工商银行的门口排起了“大队人马”。有句话叫作“歇人不歇马”，可工商行过节人马全歇。有人家里没电了要买电，有人兜里没钱了要取钱，都是急事儿。可从初一到初六，天天在工商银行门口碰锁。一直到初七才开门，这一开门可了不得了，屋里屋外全是人……

(2002年春节期间某节目主持语)

在上面的叙述中，主持人共说了四件事：一是杨扬夺得了冬奥会第一块金牌，二是中国队获国际公路接力赛女子组冠军，三是春节刚过农民工急着进京，四是节后上班第一天工商银行格外忙碌。除了第四件有可能是“最新消息”，其他内容都不算是新闻了。一般来说，听众对早已知道了的事情是不大感兴趣的。面对这种客观存在的视听困境，主持人打破常规，独辟蹊径，以“马年”为由头，用几个马字成语将几件事情巧妙串联，切中要点，妙趣横生，使陈饭有了新味儿。

后期思维的新异性在口语表达过程中主要表现在立意的新颖、构思的奇特、角度的别致、用语的巧妙和由此而呈现出的语言个性上。

四、作业

（一）思维的条理性训练

1. 整理乱语

听一段思路比较紊乱的讲话录音，边听边记要点，然后对内容重新调整并上台讲述。

2. 成分排序

下面有6个修饰成分：(1)优秀的；(2)有 20多年教学经验的；(3)国家队里；（4）篮球；（5）女；（6）一位。请把以上6个修饰成分按适当的顺序填入下面的括号内。

她是（　　　　　　　　　　　　　）教练。

3. 语料重组

把下面的句子组成一段话。

(1) 基础本来包括德育、智育、体育几个方面，人们只看到智育。

(2) 这样理解“基础”，结果只能妨碍人才的成长。

(3) 但是，有的同学甚至老师，对“基础”的理解往往过于狭隘。

(4) 智育包括书本知识、非书本知识的学习和精神能力的培养，人们往往只看到书本知识的学习。

(5) 中学阶段是打基础的阶段，每个中学生都应该打好基础。

(6) 书本知识又包括教科书和课外读物，人们又往往只看到了教科书。

这段话的排列顺序应当是：(　)(　)(　)(　)(　)(　)

4. 红线串珠

用下列单字串成句子，可以全用，可以不全用，也可重复使用，但不能用其他字。试试看，能连成多少句话。

好　到　没　跟　有　从　很　来　距　友

和　朋　家　学　离　不　校　的　我　远

5. 说明介绍

在说明性的话题里，思维的条理性体现得尤为明显。说明类话题可以用来锻炼思维的条理性。讲述时可以使用“第一、第二、第三”或者“首先、其次、再次”等表示顺序层次的词语。

(1) 手机（或其他物品）使用说明。

(2) 学校（或其他环境）的布局。

（二）思维的敏捷性训练

1. 快速选词

思维的敏捷性要求说话者在需要时能把大脑中的相关词汇迅速调集出来连成语句，这样的表达才连贯、流畅。快速选词训练的常用方法是“词语接龙”，方法如下。

先由第一位同学任意说出一个四字短语，然后下一位同学以该短语的最后一个字（或同音字）为首字，迅速对接一个新的四字短语，以座位为序，依次传递。例如：花红柳绿—绿水青山—山明水秀—袖手旁观……

训练要求：

第一，尽量选择成语。

第二，每位同学要在 5 秒之内完成。如不能完成，则请他（她）到讲台讲述一个故事，然后在他人的提示下完成，练习继续进行。

第三，练习中不可重复出现同一短语。

2. 快速解词

该练习由甲、乙两位同学合作完成，甲解词，乙猜词。甲通过自己对某一组中 6 个词语的解释，让乙猜出这些词语。小组之间展开竞赛。请看下列几组名词：

(1) 铅笔　防盗门　电动车　台历　大衣柜　计算机

(2) 门锁　钢笔　录音机　台灯　壁橱　摩托车

(3) 收音机　钥匙　圆珠笔　写字台　穿衣镜　拖拉机

(4) 电视机　梳妆台　三角板　书橱　白炽灯　收割机

(5) 电冰箱　月牙儿　课桌　运动衣　苹果　直尺

(6) 饮水机　圆规　北斗星　运动鞋　小枣　板凳

(7) 洗衣机　小轿车　涂改液　日光灯　启明星　香蕉

(8) 电话机　龙卷风　背心　菠萝　大卡车　文具盒

(9) 手电筒　教学楼　笔记本　短裤　火烧云　公交车

(10) 出租车　公寓楼　鞋垫　柑橘　冰雹　公文包

……

训练要求：

第一，解词的同学在表述时不能使用该词中的字。如描述“斑马”时，不能说成是身上长有许多条纹的“马”，但可提示为身上长有许多条纹的食草动物，外形像驴。

第二，限时60秒。每组词在60秒内完成（平均每词用时10秒）。

第三，在不违反游戏规则的前提下，用时较少的一组为胜。

教师须提前准备足够的名词；最好借助多媒体教学设备，在屏幕上显示词语，解词的同学面对屏幕，猜词的同学背对屏幕。

3. 对偶速配

该练习由甲、乙两位同学合作完成，甲乙轮流说出一个歇后语或对偶句的前半句，由另一个同学说出或猜出后半句，举例如下。

虎不怕山高——鱼不怕水深

(1) 尺有所短——

(2) 菜刀越磨越快——

(3) 一锹挖不成井——

(4) 大河有水小河满——

(5) 快马也要响鞭催——

(6) 好花不浇不盛开——

(7) 云彩经不住风吹——

(8) 宁吃仙桃一口——

(9) 稗草长不出稻穗——

(10) 良言一句三冬暖——

4. 故事串联

根据下列条件，快速构思一个完整的故事。

题目：《追踪》

时间：秋日的黄昏

地点：某市火车站

人物：穿警服的人，卖报童，车夫

道具：一捆报纸

训练要求如下。

第一，必须用上给定条件。

第二，由5位同学通过故事串联，集体完成。第一位同学可通过描述环境渲染气氛引出故事，接下来的3位同学每人沿着前一位同学的思路展开情节，最后一位同学为故事收尾。

第三，每人的讲述不得少于2分钟，前面的同学要在结束时留下悬念。

5. 即兴答问

模拟一情境，某高校为了加强安全管理，制定了门禁制度：学生非周末时间不得随意出校，如有特殊情况需要出校的，必须持有系主任的签条。学生轮流上台扮演校长，就这一制度回答台下学生的提问，要求如下。

第一，“校长”可提前3分钟做准备。

第二，“校长”必须坚持立场，不能动摇。

第三，“校长”的回答要讲究策略，迂回巧妙。

第四，学生所提问题要尖锐，但说话的态度应温和。

（三）思维的新异性训练

1. 连词出新

用下列每一组词语，说一段完整的话（词的顺序不限）。

(1) 乌鸦　小河　跳舞　悲伤

(2) 词典　鞋子　漂泊　喜悦

(3) 手机　春天　歌唱　痛苦

(4) 口罩　电脑　奔跑　忧愁

训练要求：

第一，准备 3 分钟，讲述 1—2 分钟（200—400 字）。

第二，话语要有一定的思想意义，而不是孤立地造句。

第三，力求出新，避免雷同。

2. 多彩情节

(1) 根据下面材料，构思不同的故事。

小李去公司上班，到了单位发现一份重要文件不见了。他非常着急，心想是不是丢在了自己的出租房里。他迅速返回自己的住处。当他走近房门时，听到屋内有响动。于是赶紧掏出钥匙，门却怎么也打不开……

就上述材料快速构思一个完整的故事。

训练要求：

第一，准备 3 分钟，讲述 3—5 分钟。

第二，想象合理，立意新颖，情节曲折，语言生动。

第三，每人构思的故事情节不能雷同。

(2) 根据下列条件，构思不同的故事。

题目：《在列车上》

时间：暑假里的一天

地点：在去某旅游胜地的列车上

人物：女大学生，长发男人，乘警

道具：旅行包，手机

训练要求：

合理使用上所有条件，准备 3 分钟，讲述 3—5 分钟。语言生动形象，情节不能雷同。

第七章　口语表达方式训练

人的口语表达过程，是一个从内部语言（想说的话）向外部语言（说出的话）转化的由内到外的过程。但是，人类学习口语的过程，则是一个先向他人学习，然后再到自己独立运用的由外到内的过程。

本章遵循这一语言学习的规律，按照从有文字凭借到无文字凭借的顺序，设计了复述、描述、解说、评述等训练，由浅入深，由易到难。复述是学着别人说话；描述和解说是借助可感的对象尝试着自己说话；评述则是经过思考之后说自己的话，即说自己的认识、观点和对事物的评价。本章的系列训练，类似于先看别人走路，再扶着墙走路，最后撒手独自走路的学习过程。本章指出，复述、描述、解说、评述是教师工作中常用的口语表达方式，掌握口语表达的特点和要求，对教师的教育、教学活动很有益处。

第一节　复述训练

一、复述的含义

复述就是把别人说过的话重复一遍。这是一种基本的、常用的口语表达方式。

复述训练是对现成语言材料的重复述说，具有较强的模仿性。就像学习书法绘画要从临摹开始一样，练习口语表达要从复述入手。然而，需要注意的是，复述不是朗读，也不是背诵，更不是“放录音”，它是按照一定的要求，组织自己的语言表达原始材料的一种方式。

复述训练对积累词汇、培养语感、熟悉语脉以及提高口语表达的条理性等都有非常重要的作用。

二、复述的要求

（一）忠实原作，准确完整。复述必须忠实于原作，内容完整，准确地体现原材料的中心和重点。不得篡改主要情节和观点，即使是简要复述也要多引述原材料中的重点词句。

（二）语脉清晰，层次分明。复述必须做到语脉清晰，前后连贯，层次井然。比如对事件的复述，要把事件发生的时间、地点、人物、原因、经过和结果交代清楚。

（三）感情真实，生动流畅。复述必须真实地传达出原作的思想感情，语气贴切，语调自然，可用适当的表情动作，增强表达的生动性、形象性。在必要的地方要把书面语转换成口语。

三、复述的类型

（一）详细复述

详细复述是一种非常接近原始材料的复述。进行详细复述，必须严格地按照原始材料的内容和顺序准确完整地述说。

详细复述虽然要求忠实于原始材料，保持其完整性，但它不是一字不差地背诵，而是允许对原材料做必要调整的。比如长句子可以化短，语法结构复杂的句子可以化简，文言词语可以改换成通俗易懂的普通话口语。

做好详细复述，首先要细心地听读语料、抓住中心、理清思路、分出层次，全面把握原始材料的内容。其次，要在理解的基础上，对较长的材料编写比较详细的提纲，进行适合口语表达的组织加工，并强化记忆；对较短的材料，也要先打好腹稿，记住要点。最后，依照提纲或腹稿进行复述。复述时，要根据提纲提示的要点，先陈述重要内容，后陈述次要内容。

示例：

纪晓岚联趣故事

（原文）

“铁齿铜牙”纪晓岚祖籍沧州，儿时便被誉为神童。

一天中午，六岁的纪晓岚在自家院子里玩耍。他父亲走过来，让他到学堂去叫哥哥回来吃午饭。纪晓岚答应了，一蹦一跳地来到学堂，推门进去一看，只见哥哥正低着头、垂着手，站在先生的面前。他大叫一声："哥哥，快回家吃午饭。"哥哥稍微抬了抬头，没有说什么，就又低下头去了。纪晓岚见哥哥不动，跑上前去，想拉他回家。先生阻拦道："慢着，你哥哥正在挨罚呢！"纪晓岚睁大双眼问："为什么？"先生说："我出了个上联叫他对，他对不出来，所以挨罚。"纪晓岚眨眨眼睛："啊！原来是这样呀！先生，我替哥哥对上，行不？"先生见纪晓岚只是一个五六岁的小毛孩，笑了笑，就顺口答应："行，不过，对不上，可得连你也一起罚。"纪晓岚说："好，你出上联吧！"先生见他真的要对，就认真地想了想，说了上联"苇草编席席盖苇"。这时，田地里耕作的农民纷纷回家，一个农夫扬着鞭子赶着牛从门前经过。纪晓岚发现了这一情景，脑袋一歪，头一抬，立即得了一个妙句，于是朗声答道："牛皮拧鞭鞭打牛。"先生听后，大吃一惊，连连点头，嘴里不断说："好！好！好！反应如此敏捷，真不愧是一位神童！"并挥手示意，让他哥俩回家吃饭。

纪晓岚到了七岁，两位叔叔拉着他到县城里去应童子试，考场设在贡院大街的一家书院。那院落十分宽敞，环境清雅。纪晓岚早早来到，跟一群考生童子在院中追逐戏耍。这时，教谕忽然进了书院大门。活蹦乱跳的纪晓岚来不及把手里的树枝扔掉，便悄悄塞进袖筒里。教谕看见了他的小动作，觉得这个小家伙非常机灵，便走过来对他说："你这娃娃，挺'调皮'的，不知书念得怎么样？"纪晓岚毫不怯场，自如地回答道："一会儿入场考试，大人您就知道了。"他这句颇有自信的话，把教谕给逗乐了，便说道："现在未入考场，我先考你一考，给你出一个上联'小童子暗藏春色'。"纪晓岚笑了笑，知道他是指自己袖里藏树枝的事，于是马上便对出了下联："老宗师明察秋毫。"教谕听罢，大为惊奇，想不到这个蹦蹦跳跳的小娃娃对答的联语如此工整，如此天衣无缝，而且还那么敏捷，便称赞道："神童，果然是神童！"

纪晓岚联趣故事

（详细复述实录）

纪晓岚祖籍沧州，小时候就被大家称为神童。

一天中午，纪晓岚正在自家院子里玩儿。他父亲让他到学堂去叫哥哥回家吃午饭。纪晓岚答应了，一蹦一跳地跑向学堂。到了学堂，只见哥哥正耷拉着脑袋，站在先生的面前。他冲着哥哥叫一声："哥哥，回家吃饭啦。"哥哥抬头看了他一眼，没说话，就又低下了头。纪晓岚见哥哥不动，便跑过去，想拉他回家。先生拦住了纪晓岚说："慢着，你哥哥正在挨罚呢！"纪晓岚睁大双眼问："为什么？"先生说："我出了个上联叫他对，他对不出来，所以罚他。"纪晓岚眨了眨眼睛："哦！原来是这么回事啊！先生，我替哥哥对上，行不行？"先生早就听说过纪晓岚是神童，就笑了笑，顺口答应："行，不过，要是对不上，可得连你一起罚。"纪晓岚说："好，那你出上联吧！"先生见他真的要对，就说出了上联："苇草编席席盖苇。"这时，田地里耕作的农民正纷纷回家。纪晓岚看见一个农夫正挥着鞭子赶着牛从门前经过，灵机一动，马上有了一个妙句，于是大声说道："牛皮拧鞭鞭打牛。"先生听了以后，非常惊讶，连连点头说："好！好！真不愧是神童！"于是挥挥手，让他哥俩回家吃饭了。

纪晓岚七岁那年，两位叔叔拉着他到县城里去参加童子试，考场就设在贡院大街的一家书院内。那个院子环境清雅，十分宽敞。纪晓岚来得早，正跟一群考生在院中追逐玩耍。这时，教谕进了大门。纪晓岚玩得正欢，来不及把手里的树枝扔掉，就赶快塞进袖筒里。教谕看到了这一情景，觉得这个小家伙非常机灵，便走过来对他说："你这娃娃，真'调皮'，不知书念得怎么样？"纪晓岚一点不害怕，爽朗地回答道："一会儿考完试，大人您就知道了。"他这句很自信的话，把教谕给逗乐了，就说："现在还没进考场，我先考考你，给你出一个上联'小童子暗藏春色'。"纪晓岚笑了笑，知道他是指自己袖里藏树枝的事，不假思索地对出了下联："老宗师明察秋毫。"教谕听完后，非常惊奇，想不到小小年纪对的下联这么工整，而且还非常敏捷，就称赞说："神童，真是神童啊！"

对比原文和详细复述，我们会发现，这个详细复述是忠于原文的。内容无增减，结构无变化，连细节也不缺少，复述得清楚完整。所不同的是，个别语句有所变动，变动后非但没有改变原意，反而更适于口语表达了。

（二）简要复述

简要复述是根据复述的目的要求，对原始材料进行浓缩、选择和概括，然后用简明扼要的语言陈述出来的一种口语表达方式。

进行简要复述，需要压缩原始材料的内容，根据复述的要求摘取主要观点、主要情节，突出最主要的内容，删去与主题关系不大的部分和修饰性的部分，然后依照原材料的次序，用极其精练简洁的言语表达出来。但须注意，不要因简害意，偏离中心。

这种复述方法在生活工作中使用很普遍，如转述别人的话，向下级传达上级的指示精神等。

纪晓岚联趣故事

（简要复述实录）

纪晓岚在六岁时，有一次去学堂叫哥哥回家吃饭，看见哥哥在挨罚，就问为什么。先生说："我出了个上联叫他对，他对不出来。"纪晓岚说："我替哥哥对上，行不？"先生答应："行，不过，对不上，可连你也一起罚。"纪晓岚说："好。""上联是：苇草编席席盖苇。"这时，正巧有一个农夫扬着鞭子赶着牛从门前经过。纪晓岚答道："牛皮拧鞭鞭打牛。"先生连连说："好！真不愧是神童！"就让他哥俩回家吃饭了。

纪晓岚七岁时到县城里去应试。纪晓岚早早来到考场，跟一群考生童子拿着树枝在院中玩耍。教谕进了考场，纪晓岚来不及把树枝扔掉，便塞进袖筒里。教谕看见了他的小动作，说："你这娃娃，挺'调皮'的，不知书念得怎么样？"纪晓岚回答道："一会儿入场考试，大人您就知道了。"教谕说："现在还没进考场，我先给你出一个上联'小童子暗藏春色'。"纪晓岚笑了笑，马上便对出了下联："老宗师明察秋毫。"教谕听后，非常惊奇："果然是神童！"

这是简要复述实录，它保留了故事的主要情节和重要细节，主题和题材没有变化。虽然篇幅减少了一半，但中心更明确、重点更突出了。这个简要复述删减恰当，完整连贯，语言简练，使人一听就知道故事的主要内容。

四、作业

（一）一位学生上台朗读一则故事，其他学生听后进行详细复述。

（二）以大多数人最近看过的电影或电视剧的情节为内容，进行简要复述。

（三）学生轮流上台各自详细地讲述一则完整的故事，其他学生听后对此进行简要复述。

第二节　描述训练

一、描述的含义

描述是用生动、形象的语言，把人、事、物的特征及形态具体细致地描绘给别人听的一种口语表达方式。

描述不同于复述，没有现成的文字或语言材料做依据。它是通过丰富的联想和想象，迅速准确地用自己的语言再现客观存在的人、事、物等各种形象。因此，描述具有独创性。

描述训练能很好地培养我们的细致观察力、丰富想象力和敏捷思维力，还是一个帮助我们把内部语言转化成外部语言的好方法。

二、描述的要求

（一）真实准确。无论是描绘人物、景物、器物，还是事件、场景，都要真实可信，让听的人感觉到被描述的事物与他的经历和阅历相符合。不要随意夸张渲染，更不能毫无根据地胡拼乱凑，这样才能让人信服。

（二）特征明确。描述得像不像，关键在于特征抓得准不准。抓准特征，突出事物的特点，一个个事物就会被描绘得活灵活现。只有对事物的声、色、形进行逼真的描摹，善用声音、语气的变化表达不同的感情，渲染环境气氛，才会使人如见其人，如睹其物，如临其境。

（三）优美生动。进行描述不仅要准确地选择形容词语，而且要注意语调的起伏多变，语流的畅达舒展，做到语中有画，话中含情，在声音上给人以美的体验。

三、描述的类型

（一）人物描述

人物描述是以人物为对象的描述。一般从人物的外貌、服饰、言语、动作、心理活动等方面进行。描述时，要认真地观察人物，抓住人物的特征，绘声绘色地再现出来，让听者如见其人，如闻其声。

示例：

一位语文老师对本班一位女生是这样描述的。

她个子不高，小巧玲珑。她的头发虽不是很密，但是乌黑亮泽。在一张白皙的鹅蛋脸上，嵌着两只大大的眼睛，上面两道弯弯细长的眉毛，就像人工画上去的一样，眼睛上盖着浓密的睫毛，俏皮的小鼻子长得精巧挺秀，一张端正的小嘴儿轮廓分明，说笑时露出一口洁白的牙齿。她对粉红颜色似乎情有独钟——冬天是粉红色的羽绒服，夏天则是粉红色的短褂，就连她辫子上的皮筋儿也都是粉红颜色……

这是非常成功的人物描述。老师在描述这位女生时，先整体，后局部，先描摹人物的客观容貌，后点出人物对于颜色的主观偏好。层次清楚，具体细腻，形象逼真，特征鲜明。听了这段描述，同学们立刻就猜到老师在说谁了。

（二）环境描述

环境描述是指对人物所处的具体的社会环境和自然环境所进行的描述。社会环境包括能反映社会、时代特征的建筑、场所、陈设等景物，以及民俗民风等；自然环境是指自然界的景物，如季节变化、风霜雨雪、山川湖海、森林原野等，自然环境描述又称景物描述。

示例：

鲁镇的酒店的格局，是和别处不同的：都是当街一个曲尺形的大柜台，柜里面预备着热水，可以随时温酒。做工的人，傍午傍晚散了工，每每花四文铜钱，买一碗酒，——这是二十多年前的事，现在每碗要涨到十文，——靠柜外站着，热热的喝了休息；倘肯多花一文，便可以买一碟盐煮笋，或者茴香豆，做下酒物了，如果出到十几文，那就能买一样荤菜，但这些顾客，多是短衣帮，大抵没有这样阔绰。只有穿长衫的，才踱进店面隔壁的房子里，要酒要菜，慢慢地坐喝。

这是鲁迅的小说《孔乙己》中对鲁镇酒店格局的细致描述。作者抓住了极具时代色彩的“曲尺形的大柜台”“四文铜钱”“短衣帮”“穿长衫的”等形象特征，交代了故事的时代背景，是一幅颇具特色的风俗画。

示例：

每到春天，红得如火的木棉花，粉得如霞的芍药花，白得如玉的月季花竞相开放。它们有的花蕾满枝，有的含苞初绽，有的昂首怒放。一阵阵沁人心脾的花香引来了许许多多的小蜜蜂，嗡嗡地边歌边舞。

这是一段描述春花的语言。先描述花的颜色、情态，再描述花香和蜜蜂，由静到动，绘声绘色，形象具体，给人一种身临其境的感觉。

四、作业

（一）描述本班一位同学，要做到不说姓名就能让同学们猜到是谁。

（二）以“当我接到大学录取通知书”为题，做回忆描述。要求：重点描述接通知书前后的情形，包括自己的心情、动作、言语等，注意用贴切的语气表达出来。

（三）自由选择下列命题，思考三分钟，然后按规定语境进行描述。

1. 饭厅打饭的情景；2. 一个争论场面；3. 冬天的雪景；4. 春天的景色。

（四）描述自己熟悉的某地的民俗民风。

（五）描述一处能反映社会、时代特征的建筑、场所、陈设等景物。

第三节　解说训练

一、解说的含义

解说就是说明事物、解释事理。说明事物就是把自己感知的具体事物及各种现象，用平实的语言，做完整、准确、客观的介绍，给人留下具体的、清晰的印象，使人了解、认识它。解释事理就是把自己对某一抽象观念的理解，用通俗明白的语言，深入浅出、条分缕析地解释说明，使人明白其中道理。

不论是说明事物还是解释事理，都以解说者全面透彻的认识和理解为基础，以使听话人充分地理解和认识解说对象为目的，它们有共同的特点和规律，所以我们把二者放在一起来训练。

解说训练不仅可以培养观察能力和思维能力，还可以提高口语表达的准确性和条理性。

二、解说的要求

（一）真实准确。解说主要是用来介绍科学知识的，因此要求有科学的态度和实事求是的精神，要尊重事实，语义明确，不能模棱两可、随意虚构。应做到不知道的不说，不清楚的不乱说。

（二）分明清晰。解说的目的是使人充分地理解被解说的事物，因此必须做到层次分明，条理清晰。解说者应认真研究解说对象本身固有的条理性，根据其本身的特点和人们认识事物的规律，合理安排解说顺序。

（三）简洁通俗。解说时力求用尽可能简单的话语，干净利落地表达出最丰富的内容，言简意赅，使人一听就能抓住要点、理解内容。在遣词造句时要做到平实晓畅，通俗易懂。

三、解说的类型

（一）简约性解说

简约性解说就是用凝练、概括的语言进行解释说明。这种解说方式有助于提高语言效率，是精明干练的表现。在做简约性解说时，应该先将表达内容做一番提炼，再确定表达用语，这样才能做到话一出口就能抓住关键。

示例：

安溪，是乌龙茶的故乡，不但有独到的乌龙茶采制技艺，而且十分讲究品饮艺术。品饮乌龙茶，茶叶选用铁观音、黄金桂、本山、毛蟹等名茶，茶具选用精致的瓷质、陶制小壶、小盅，冲泡选用泉水、井水和纯净的淡水，沏泡讲究款款有序、动作优美，真正达到纯、雅、礼、和的品茶意境，谁人寻得观音韵，不愧是个品茶人。

这段关于茶艺表演的解说，用语简洁平实，语义明确，条理清晰，高度概括。

（二）阐明性解说

阐明性解说是对事物或事理做较为详细的阐述说明。阐明性解说的方法很多，如做分解、举例子、讲特征、做比较、打比方等。运用这些方法，可以把抽象的事物说得形象具体，把难懂的道理讲得浅显明白，把专业性较强的知识变得通俗易懂。

示例：

制作景泰蓝的第二步工作叫掐丝，就是拿扁铜丝（横断面是长方形的）粘在铜胎表面上。这是一种非常精细的工作。掐丝工人心里有谱，不用在铜胎上打稿，就能自由自在地粘成图画。譬如粘一棵柳树吧，干和枝的每条线条该多长，该怎么弯曲，他们能把铜丝恰如其分地剪好曲好，然后用钳子夹着，在极稠的白芨浆里蘸，粘到铜胎上去。柳树的每个枝子上长着好些叶子，每片叶子两笔，像一个左括号和一个右括号，那太细小了，可是他们也要细磨细琢地粘上去。他们简直是在刺绣，不过是绣在铜胎上而不是绣在缎子上，用的是铜丝而不是丝线、绒线。他们能自由地在铜胎上粘成山水、花鸟、人物种种图画，当然也能按照美术家的设计图样工作。反正他们对于铜丝好像画家对于笔下的线条，可以随意驱遣。美术家和掐丝工人的合作，使景泰蓝器物推陈出新，博得多方人士的好评。

这段文字详细地解说了景泰蓝制作的掐丝工艺，运用举例子、打比方、做比较等方法，把专业性较强的知识说得通俗易懂。

四、作业

（一）请用简约性解说方式说明握手的学问。

（二）请用阐明性解说方式说明环境保护刻不容缓。

（三）请简约地解说“擦边球”“挖墙脚”等惯用语。

（四）请简约地做自我介绍。

（五）对一处名胜古迹做简约性解说。

第四节　评述训练

一、评述的含义

评述是评论人或物的是非对错、文野优劣并阐明自己观点的一种口语表达方式。评述的核心在于“评”。与复述、描述不同，它不以读到的、看到的、听到的材料为表达内容，而是以自己读、看、听后所产生的见解和感受为表达内容。但是，它又离不开“述”，没有必要的复述和描述，“评”就失去了依据。因此，它是“评”与“述”相结合的具有综合性特点的口语表达方式。

二、评述的要求

（一）观点明确。观点明确即赞成什么，反对什么，强调什么，要明确果断，绝不能含糊其词，模棱两可，更不能前后矛盾。

（二）实事求是。实事求是即持论要公允，不能绝对化，切忌主观片面，要做到以理服人。

（三）准确严谨。准确严谨即评述语言要力求准确、简练、通俗、明白，做到字字妥帖，句句中的。表达条理清楚，逻辑严密，方能彰显强大的说服力。

三、评述的类型

（一）先述后评

先述后评即先用复述或描述的方式，把要评论的内容介绍出来，而后进行全面或重点评论。这种评述，“述”的内容较多，而“评”的成分较少，观点集中而单一，“述”与“评”明显地分为两部分。先述后评是最基本的评述方式，如评述人物、事件、发言等。

示例：

一只狐狸失足掉到了井里，不论他如何挣扎仍没法爬上去，只好待在那里。一只公山羊觉得口渴极了，来到这井边，看见狐狸在井下，便问他：“井水好不好喝？”狐狸心中暗喜，马上镇静下来，极力赞美井水清甜爽口，并劝山羊赶快下来，与他痛饮。信以为真的山羊不假思索地跳了下去，当他咕咚咕咚痛饮完后，就不得不与狐狸一起共商爬上去的办法。狐狸早有准备，他狡猾地说：“我倒有一个方法。我从你后背跳上井去，再拉你上来，我们就都得救了。”公山羊同意了，狐狸踩着他的后脚，跳到他背上，然后再从角上用力一跳，跳出了井口。狐狸上去以后，准备独自逃离。公山羊指责狐狸不信守诺言，狐狸回过头对他说：“喂，朋友，你的头脑如果像你的胡须那样完美，你就不至于在没看清出口之前就盲目地跳下去。”

这则故事说明，聪明的人应当事先考虑清楚事情的后果，然后才去做。

以上示例先讲述故事，后点明寓意表明自己的看法，这是典型的先述后评。

（二）边述边评

边述边评即一边复述或描述客观事物，一边进行评论。它一般是以评重点、评片段为主，而且是在述的过程中随机进行，如果有全面评价的话，也只能放在开头或结尾。串讲课文、评点文章、评介人物、评介事件等都常用这种评述方法。

示例：

从“被诗章讲动情肠”到游园时春情难遣这一阶段，杜丽娘对“良辰美景”充满渴望，但在封建礼教的严重束缚下又无法实现，便造成了沉郁的心灵苦闷。杜丽娘生在官宦家庭，为了“他日嫁一书生，不枉了谈吐相称”，也为了“他日到人家知书知礼，父母光辉”，她的父亲便请来陈最良教她习女德、修女言。按照父母的意愿，她就要被培养成“安分守己”、循规蹈矩的贞节烈妇，却丝毫没有独立人格可言。杜丽娘也确实不负众望，表现出了应有的恬静与顺从。听到父亲责备便连忙说：“从今后茶余饭饱破功夫，玉镜台前插架书。”正像她的母亲后来所形容的：“每日绕娘身百千遭，并不见你向人前轻易笑。”然而，这种性格本不是杜丽娘的天性，所以就像沙滩上的建筑一样，一推就倒。而《关雎》之鸣，春园之游，正是这导火索。

这是一位老师讲评《牡丹亭》的片段，该片段十分符合边述边评的要求。老师一边介绍原作内容，一边表达自己的看法，使“述”与“评”相互交错，融为一体。

(三)先评后述

先评后述即先阐明自己的观点，再述说事实和理由来证明自己观点正确的一种评述方式。这种评述方法，引述事实不求周详具体，也不限于某一材料，可以广泛地选取能够证明观点的材料。

示例：

勤奋是实现理想的奠基石，是通向成功彼岸的桥梁。爱因斯坦曾经说过：“在天才和勤奋之间，我毫不迟疑地选择勤奋，她几乎是世界上一切成就的催生婆。”因为勤奋，安徒生从一个鞋匠的儿子成为童话王，巴尔扎克给人类留下了宝贵的文学遗产《人间喜剧》；同样是因为勤奋，爱迪生才有了一千多种伟大的科学发明，爱因斯坦才得以创立震惊世界的相对论；还是由于勤奋，中国古人才给我们留下了悬梁刺股、凿壁偷光、囊萤映雪的千古美谈。

这段话先提出论点，而后引述名言及多个著名人物勤奋工作的典型事例，以证明论点的正确性，属于典型的先评后述的范例。

四、作业

（一）选取一个自己最熟悉的人，依据他的言行，做人物评述练习。

（二）请用边述边评的方法评述一部电视剧或小说。

（三）以小组为单位，每组从下面论题中选择一个，进行先评后述练习。

1. 知识就是力量。

2. 团结起来力量大。

3. 幸福的真谛。

（四）有些人关心集体，积极工作，却得不到别人的理解，被人认为是出风头，表现自己。请你评述一下这种现象。

（五）评述最近几天见诸媒体的热点新闻。

（六）评述集体活动，如班会、联欢会、劳动等。

参考文献

[1] 国家语言文字工作委员会普通话培训测试中心 . 普通话水平测试实施纲要 [M]. 北京 : 商务印书馆 ,2004.

[2] 王璐 . 播音员主持人训练手册: 语音发声部分 [M]. 北京: 北京广播学院出版社，1998.

[3] 中央戏剧学院台词研究室 . 演员艺术语言基本技巧 [M]. 北京: 文化艺术出版社，2003.

[4] 张颂 . 朗读学 [M]. 北京 : 中国传媒大学出版社 ,2010.